教育部人文社科青年项目成果专著

交叉上市对资本市场的影响研究

柯建飞 著

从公司的角度考察了交叉上市对公司治理和经营绩效的影响；
从投资者的角度考察了交叉上市的市场反应；
从市场互动的角度考察了交叉上市的价格发现、波动溢出效应和股价联动机制。

STUDY ON THE EFFECT OF CROSS LISTINGS IN CHINA

内容提要

本书是作者主持的教育部人文社科青年项目“交叉上市对中国资本市场的影响机制研究”(批准号 12YJC790083)的成果之一。

本书运用实证方法从 3 个方面考察了交叉上市对资本市场的影响:从公司的角度考察了交叉上市对公司治理和经营绩效的影响,从投资者的角度考察了交叉上市的市场反应,从市场互动的角度考察了交叉上市的价格发现、波动溢出效应和股价联动机制。研究得出的有益启示,可为相关的决策者提供参考。

本书适用于金融学研究者和市场相关人士使用。

图书在版编目(CIP)数据

交叉上市对资本市场的影响研究/柯建飞著. —上海:上海交通大学出版社,2014
ISBN 978-7-313-11323-8

Ⅰ. 交... Ⅱ. 柯... Ⅲ. 上市公司—影响—资本市场—研究—中国
Ⅳ. ①F279.246 ②F832.5

中国版本图书馆 CIP 数据核字(2014)第 095339 号

交叉上市对资本市场的影响研究

著　　者:柯建飞
出版发行:上海交通大学出版社　　地　　址:上海市番禺路 951 号
邮政编码:200030　　电　　话:021-64071208
出 版 人:韩建民
印　　制:上海交大印务有限公司　　经　　销:全国新华书店
开　　本:787mm×960mm　1/16　　印　　张:12.5
字　　数:181 千字
版　　次:2014 年 6 月第 1 版　　印　　次:2014 年 6 月第 1 次印刷
书　　号:ISBN 978-7-313-11323-8/F
定　　价:39.00 元

前　言

交叉上市(Cross listing)也称双重上市，是指同一家公司在两个或者多个证券市场上市的行为，通常指同一家公司在两个不同国家或地区的证券市场上市的行为。中国公司交叉上市现象伴随着中国资本市场的发展而产生。截至2013年，共有83家中国公司在中国A股市场和香港H股市场交叉上市，并有多家公司在中国境内、香港、新加坡、美国和英国等证券市场进行三重或四重交叉上市。中国交叉上市公司大都是国有或国有控股的大型公司，主要分布在采掘业、制造业、交通运输以及金融等行业，是国民经济重要的微观基础，也是中国证券市场的中坚力量。通过这些公司在相对成熟的境外市场交叉上市，可以促进中国证券市场规范化发展，推动中国证券市场不断与国际市场接轨。目前，国内有关交叉上市的研究不多，相关的研究可以拓展中国企业改革和资本市场发展理论，丰富和完善交叉上市研究的理论体系。同时可以为政府相关部门准确把握市场动态，制定相应的政策提供依据，也可以为公司、投资者的相关决策提供有益参考。

本书研究立足国内，结合中国特色的经济发展背景，以中国公司在国内A股市场和香港H股市场交叉上市行为为研究对象，运用实证方法对中国公司交叉上市的影响进行了较为全面的研究——从公司的角度考察了交叉上市对公司治理和经营绩效的影响，从投资者的角度考察了交叉上市的市场反应，从市场互动的角度考察了交叉上市的价格发现、波动溢出效应与股价联动。3个方面层层递进，构建了一个研究中国公司交叉上市影响的相对完整的框架。

首先，本书从公司、投资者和市场互动3个角度将国内外有关交叉上市影响的研究文献进行全面梳理，为本书研究提供必要的理论基础和经验证据。

第二，结合中国资本市场的发展进程，本书对中国公司交叉上市的背景进行了介绍：回顾了中国公司交叉上市的历程，评价了交叉上市模式的变迁，分析了中国交叉上市公司的特征。

第三，从公司的角度考察了交叉上市对公司治理和经营绩效的影响。本书以控股股东对公司资金的占用量作为衡量公司治理水平的变量，运用Logit模型进行实证研究，研究结果显示：中国交叉上市公司控股股东占用公司资金的比例比非交叉上市公司低，交叉上市可以改善公司的治理结构，提高投资者保护水平。接着，本书建立一个多指标综合评价体系，运用主成分分析法对公司在交叉上市后3年时间里的经营绩效变化进行考察，结果显示：总体上，公司在交叉上市后业绩下滑明显。本书根据行业、交叉上市模式等对公司业绩变化进行对比分析，认为交叉上市费用、效益无法立刻显现、会计操纵、经营不当等原因导致了公司业绩下滑。

第四，从投资者的角度考察了交叉上市的市场反应。投资者市场反应主要体现在同行业公司和交叉上市公司本身的股票价格变化上，因此也可称为同行业公司的市场反应和交叉上市公司的市场反应。本书运用事件研究法，选择多个事件日，通过计算累积超常收益，并根据交叉上市模式的不同进行分组，从同行业公司和交叉上市公司两个视角，首次全面考察了交叉上市的市场反应，揭示了其中的规律。研究发现，总体上，公司以“先H后A”和“A+H同步”模式交叉上市，给同行业公司带来了正面影响；公司以“先A后H”模式交叉上市，给同行业公司带来了负面影响，但给交叉上市公司本身带来了正面影响。

第五，从市场互动的角度考察了交叉上市的价格发现、波动溢出效应与股价联动。本书根据Gonzalo和Granger(1995)提出的永久暂时模型，以AH股A指数和AH股*H*指数的对数序列进行建模，对交叉上市的价格发现进行了考察，研究发现，中国A股市场占相对主导地位，价格发现贡献率达54.12%。本书还建立多元GARCH模型，对中国A股市场和香港H股市场之间的波动溢出效应进行考察，研究结果表明，中国A股市场对香港H

股市场具有更强的波动溢出现象，进一步印证了中国 A 股市场在价格发现上的优势。本书还以交叉上市为视角，应用 Copula 模型对两地市场的股价联动进行考察，通过建立常相关和动态相关模型进行比较分析。研究认为，两地市场的股价具有很强的相关性，股价联动强烈。在结论的基础上，本书还从交叉上市和香港证券市场的窗口作用探讨了中国证券市场国际化问题。

最后，本书在研究结论的基础上对政府相关部门、公司、投资者提出了政策性建议，同时也指出了本书研究的局限性和后续研究设想。

本书是作者主持的教育部人文社科青年项目“交叉上市对中国资本市场的影响机制研究”（批准号 12YJC790083）的成果之一。对中国资本市场而言，交叉上市的影响是多方面的、深远的。本书仅从作者的思路进行了粗浅的探讨，希望拙作的出版对后续的相关研究有所启发和帮助。

本书的编写过程中，得到了作者博士生导师唐绍祥教授的悉心指导，在此致以诚挚的感谢。同时感谢王朝晖博士对本书提出的建议，感谢周新苗博士在本书数据收集上提供的帮助。还要感谢李凡女士默默支持和无私的奉献。

本书在出版过程中得到了上海交通大学出版社的大力支持，在此向他们表示衷心的感谢。

由于作者水平有限，书中存在的疏漏或不妥之处，恳请读者批评指正。

柯建飞

2014 年 3 月

目　录

第1章 绪 论

1.1 研究背景及方向

从世界范围内看，科学技术发展使经济全球化进程加快。在国际资本市场领域，各国资本市场之间的联系不断加强，发达国家资本市场趋向融合，世界范围内股票交易出现前所未有的活跃，公司交叉上市成为资本跨国流动的一种重要方式。公司跨市场交叉上市现象从20世纪70年代出现以来不断增加，既有在发达国家的成熟市场之间进行，也有在新兴市场与成熟市场之间进行。Gozzi等(2007)的统计结果指出，早在1989—2000年之间，全球主要资本市场上的2300多家交叉上市公司股票总市值就已经超过了8万亿美元。世界交易所联盟年度报告统计结果显示，2011年、2012年和2013年在全球主要证券交易所上市的海外公司数量分别是2928家、3043家和3066家，股票交易总额分别是4986128百万美元、3591492百万美元和3821055百万美元①，其中有相当一部分是交叉上市公司。公司交叉上市现象也引起了学术界的关注，成为金融研究领域的热点之一。学术界有关交叉上市的研究文献越来越丰富，关注的方面也越来越多，从早期交叉上市的动因、市场分割等领域不断向纵深发展。目前，交叉上市研究领域涵盖了许多方面内容，从公司、投资者、市场互动等多个角度进行了研究，包括融资

---

① 资料来源于世界交易所联盟网站：http://www.world-exchanges.org/statistics/annual。

约束、公司治理、经营绩效、流动性、市场分割、市场反应、价格差异、价格发现、股价联动等方面，形成了一系列研究文献，至今方兴未艾。

在中国，公司交叉上市的历程和中国经济体制改革与发展进程紧密相关，使中国公司交叉上市活动有自己的特点。中国交叉上市公司绝大多数是国有或国有控股公司，公司规模庞大，交叉上市主要是在政府主导下进行，交叉上市模式也与国际惯例截然不同。在中国改革开放初期，为建立市场经济体制，解放生产力，大型国有企业纷纷建立现代企业制度，借鉴国际经验，完善激励机制，促进公司提高管理水平和经营绩效。在这样的背景下，公司交叉上市现象在政府主导下开始在中国出现。1992 年底，当时国家体改委批准了几家大型国有公司境外上市试点，与此同时，为促进中国资本市场发展，政府相关部门也着手准备这些境外上市公司回归国内市场上市的工作。1993 年青岛啤酒从香港 H 股市场回归上海证券交易所上市，成为中国第一家交叉上市公司。此后，在政府安排下，又有多家公司加入到交叉上市行列。早期的这些公司都是“先走出去，然后再回来”，这种特点也使中国公司交叉上市模式以“先外后内”为主。随着中国经济持续稳定增长，中国资本市场不断发展壮大，交叉上市公司不断增加，发行规模和融资额度庞大，交叉上市公司成为中国证券市场的中坚力量。公司交叉上市模式也发生了深刻变化：由早期单一的“先外后内”模式逐步演变为“先外后内”、“同步上市”和“先内后外”3 种模式共存。截至 2013 年，共有 83 家中国公司在香港 H 股市场和中国 A 股市场进行交叉上市，并有多家公司在中国境内、香港、新加坡、美国和英国等的证券市场进行三重或四重交叉上市。

对中国公司交叉上市现象，从一开始在资本市场和学术界内就存在着争议，讨论激烈。在中国证券市场发展的早期，公司交叉上市主要以中国 H 股公司回归 A 股市场上市的模式进行。对中国 H 股公司要不要回归的问题存在着两种不同声音。支持中国境外上市公司回归国内市场上市的一方认为，应该鼓励这些优质的境外中国公司回归 A 股市场上市。他们认为，这些公司资产相对优良、运作相对规范，这些公司回归 A 股市场上市，可以避免国内证券市场空心化、边缘化，可以提高中国上市公司的整体质量，引导中国股市良性发展，扩大证券市场的规模和深度，推动中国证券市场与国际市场接轨等方面，将起到积极的促进作用。他们还认为，这些大型国有公司回归国内市场上市可以有效缓解当时国内流动性过剩的问题，并使国内投资者分享经济发展成果。甚至还有一些人担心，如果这些大型国有公司不回归国内市场上市，会影响到国家战略安全。他们的理由是，这些公司主要分布在采掘业、制造业等基础性行业，是体现国家意志的重要微观基础，公司提供给社会的是公共产品，具有不可替代的社会功能，如果这些公司不在国内市场上市会对本国产业结构布局带来冲击，还会使公司决策权受制于人，危及国家安全。持反对意见的一方则认为，中国境外上市公司过多过快回归国内市场上市，会对国内市场造成扩容压力，应该缓行。这些持反对意见的人士还认为，大多数交叉上市公司仍然保留着国有企业的特征，股份制改造不彻底，其资源优化配置机制和总体整合功能并不强，不宜过早回归。还有一些持反对意见的人士认为，这些境外上市公司回国上市带有明显的"圈钱"动机，其融资目的仅仅为了从投资者手中套取现金。因为，已有的交叉上市公司在国内市场筹集资金的规模远大于平均水平，但盈利能力却大都低于平均水平。

中国经济取得了令人瞩目的成就，中国资本市场也得到了长足的发展，各种基金、保险公司以及 QDII、QFII 等机构投资者不断涌现，早期的中国境外公司要不要回归的问题已经有了明确的答案。如今政府相关管理部门，市场内人士等更多关注交叉上市深层次的问题。首先，从公司的角度，即从交叉上市公司本身的角度，交叉上市给这些公司带来的影响，主要是公司治理和经营绩效两个方面。普遍的观点认为，交叉上市能够改善公司治理，提高投资者保护水平。当前国内 A 股市场突出的问题之一是许多上市公司的治理结构不合理，投资者利益得不到应有的保护。交叉上市作为一种外部机制被认为是改善公司治理的一种有效途径。允许公司选择在投资者保护水平高、监管更严格的境外市场上市，改善公司治理水平，同时通过交叉上市公司的示范效应，带动国内上市公司改善治理结构，从而从整体上提高上市公司的质量，有效保护投资者利益。交叉上市也必然对这些公司的经营绩效产生影响。公司在多个市场上市，融资更容易，公司募集了大量资金之后，有能力进行产品研发、开拓市场等经营活动，公司交叉上市之后经营绩效理应有很大的提高。此外，公司在境外更成熟的市场交叉上市，接受了更严格的市场监管和信息披露要求，公司治理水平有了很大提高，治理水平的提高也当然促进了公司业绩的提高。其次，从投资者市场反应的角度看，交叉上市给市场带来的影响。公司交叉上市势必对相关的市场造成冲击，市场上的投资者必然对这种冲击有所反应，主要反映在交叉上市公司本身和同行业公司的股价变动上。早期的判断主要是从战略高度上考察和衡量境外中国公司回归国内市场的利弊，如今更多的研究视角是从投资者市场反应的角度来考察。规模庞大、融资额高的中国公司交叉上市活动必然对国内市场造成巨大冲击，国内市场面对这些公司交叉上市行为也必然有所反应。就中国国内相对不成熟和容量有限的市场而言，投资者对公司交叉上市活动的市场反应必然更加敏感。近年来中国公司交叉上市模式发生了很大变化，不同上市模式市场反应也应有所不同。再次，更深层次来说，从市场互动的角度，交叉上市给市场带来的影响。由于市场差异、投资者偏好等原因，交叉上市公司股票价格在不同市场上价格表现并不一致。从这种价格差异中可以挖掘更多的信息，如价格信息在不同市场之间的流动方向，市场的价格发现等问题，从这些问题的研究中可以反映国内市场的国际化程度。目前，国内有关交叉上市的研究还不多，相关的研究可以拓展中国企业改革和资本市场发展理论，丰富和完善交叉上市研究的理论体系。同时可以使中国政府相关部门在宏观上对中国资本市场进行准确定位，及时把握市场动态，对政府相关管理部门政策的选择有重要的参考价值。同时对广大投资者、上市公司在其做出决策时也有重要的参考价值。

基于中国特色经济背景和中国公司交叉上市的特点的考虑，同时基于现阶段投资者、公司管理者、政府相关管理部门的决策需要，中国公司交叉上市带来了一些值得深入研究的新问题：

(1) 公司交叉上市是否改善了公司治理？提高了投资者保护水平？与国内非交叉上市公司相比，如何变化？

(2) 公司在交叉上市之后其经营绩效又是如何变化？是否给投资者带来了丰厚的回报？其中的原因又是什么？

(3) 国内市场投资者对公司交叉上市的反应如何？不同的交叉上市模式市场反应有何不同？

(4) 交叉上市成为两地市场联系的纽带，哪个市场在价格发现上占有优势？价格信息如河流动？两地市场股价相关性如何？说明了什么？

针对这些问题，本书在国内外学者相关研究的基础上，运用实证方法，对中国公司交叉上市进行客观评价，为公司、投资者和政府相关部门的判断和决策提供有参考价值的结论。

1.2 相关概念

1.2.1 交叉上市

所谓交叉上市(Cross Listing)是指同一家公司在两个或者多个证券市场上市的行为，通常是指同一家公司在两个不同国家或地区的证券市场上市的行为。国内外学者也用双重上市(Dual Listing)来表示同一家公司在两个证券交易所上市的行为。从已有的文献来看，学者对“Cross Listing”与“Dual Listing”并不作严格的区分，所指的意思一致。鉴于“Cross Listing”可表示公司在两个以上证券市场上市的情景，本书所涉及的中国公司也有在多个交易所上市的实际情况，本书统一用“交叉上市”定义同一家公司在不同国家或地区证券市场上市的行为。

1.2.2 交叉上市模式

交叉上市模式是指公司在不同市场上市的次序。公司交叉上市一般有3种模式。第一种是“先内后外”模式，即公司先在母(本)国市场上市，然后再到其他国家市场上市。这种交叉上市模式是国际主流的交叉上市模式，被绝大多数国家的交叉上市公司所采用。第二种是“同步上市”模式，即公司同时在两个不同国家或地区的市场上发行股票。第三种是“先外后内”模式，即公司先在其他国家或地区的市场发行股票，然后回到本国市场上市。由于中国特色的经济背景，到目前为止，中国公司交叉上市3种模式兼而有之。也由于中国公司主要在内地A股市场和香港H股市场进行交叉上市，中国公司交叉上市模式有“先H后A”模式、“A+H同步”模式和“先A后H”模式3种。

1.2.3 公司治理

公司治理又称法人治理结构，即以股东会、董事会和监事会之间相互制约为基础的现代企业组织架构。按照经济发展与合作组织(OECD)对公司治理的定义，公司治理是指“一种据以对工商业公司进行管理和控制的体系”。这个体系明确规定了公司各参与者的责任和权力分布以及决策公司事务时应遵循的规则和程序。公司治理一般包含两部分内容：内部治理和外部治理。内部治理是股东与其他利益相关者通过公司内部机构和公司规定的程序参与公司经营的一系列制度安排，包括董事会、高管薪酬、股权结构以及财务信息披露和透明度等。外部治理主要来自法律和外部市场的约束，包括国家的法治水平、声誉监督机构等。

1.2.4 经营绩效

经营绩效是指公司在一定经营期间内经营效益和业绩，一般用特定的财务指标来衡量。公司经营绩效的衡量指标主要有两类：一类是数量指标，如营业额、销售量、主营业务收入等；另一类是效率指标，如资产收益率、利润率、股东权益报酬率等。由于数量指标难以对不同公司经营绩效进行比较，所以现有的研究文献一般选择效率指标来考察公司的经营绩效。

1.2.5 市场反应

市场反应是指公司在交叉上市过程中，市场上的投资者对公司交叉上市行为作出的反应，主要体现在交叉上市公司本身和同行业公司股票价格的变动上。交叉上市市场反应研究一般采用事件研究法(Event Study)，通过观察超常收益变化来考察交叉上市事件(如上市公告、正式上市等事件)对市场的影响程度。从研究的角度不同，交叉上市市场反应可以分为母(本)国市场反应和外国的市场反应，现有的研究文献大都考察母国市场的反应。按公司的不同,又可以具体分为同行业公司的市场反应和交叉上市公司本身的市场反应。

1.2.6 价格发现

价格发现是均衡价格的搜寻过程,是证券交易的主要功能。交叉上市公司成为不同市场联系的纽带,但交叉上市公司股票价格在不同市场上的表现并不一致,从公司股票价格差异中可以挖掘出不同市场对股票价格发现的贡献程度,从而确定不同市场的地位和作用。从市场微观结构研究交叉上市主要是对价格发现问题的研究。

1.3 研究思路与框架

1.3.1 研究思路

本书在对国内外有关交叉上市研究成果进行系统回顾和整理的基础上,结合中国特色的经济背景和交叉上市公司的特点,根据现阶段的实际需要,从交叉上市公司、投资者和市场互动3个角度考察中国公司交叉上市对资本市场的影响。第一,本书从公司的角度探讨交叉上市对公司治理和经营绩效的影响。本书从交叉上市公司与非交叉上市公司对比中,结合投资者保护水平,全面考察了交叉上市公司的公司治理情况。在此基础上,本书对交叉上市公司的经营绩效进行了实证考察,并对其原因进行了深入分析。第二,本书从投资者的角度考察了中国国内市场对公司交叉上市行为的市场反应。本书按照公司不同的交叉上市模式进行分类,全面考察了不同交叉上市模式所引起的同行业公司和交叉上市公司本身股票价格的变动,并与已有的研究进行比较,揭示其中的规律和作用。第三,本书从市场互动的角度探讨了交叉上市的价格发现能力、波动溢出效应和股价联动效应,以确定中国资本市场的地位和国际化程度。3个方面层层递进,构建一个研究中国公司交叉上市影响的相对完整的框架。

1.3.2 本书框架

本书的框架结构如图 1-1 所示。

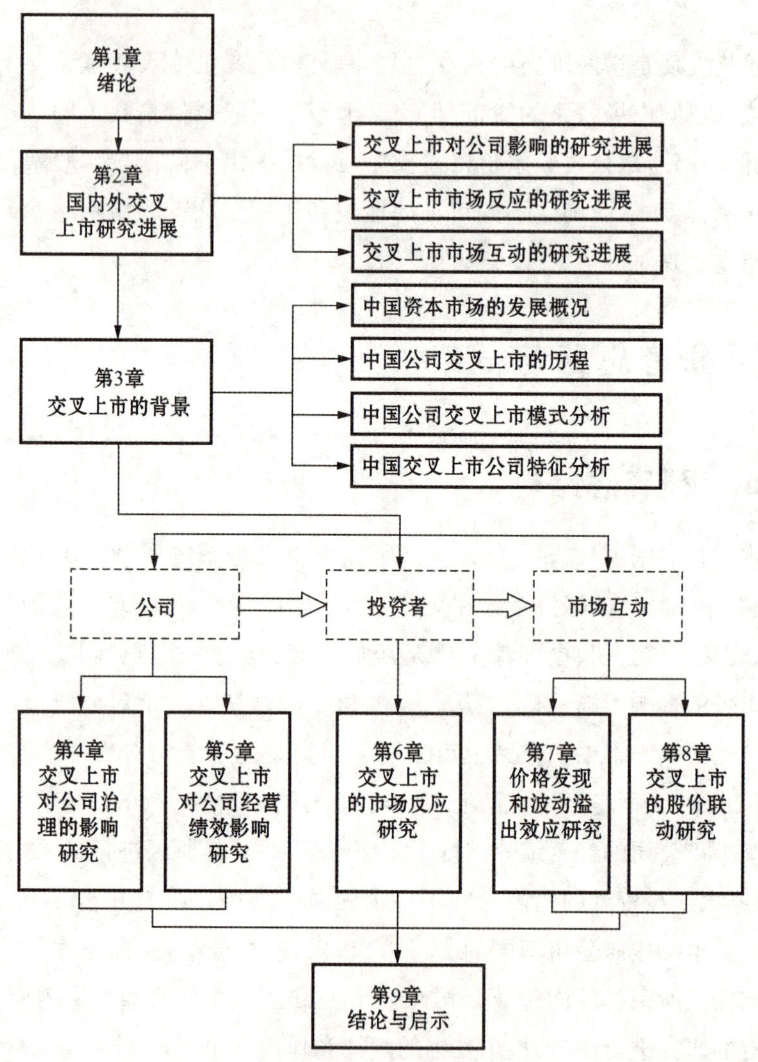

图 1-1 本书结构框架

第 1 章是绪论。本章对本书的研究内容进行简要介绍,包括本书的研究背景、相关概念界定、研究思路、本书框架以及主要创新点等。

第 2 章是国内外交叉上市研究进展。本章对国内外有关交叉上市的文献进行全面梳理，将有关的研究文献按照公司、投资者和市场互动3个角度进行了整理和归纳，为本书后续的实证研究提供必要的理论基础和经验证据。

第3章是中国公司交叉上市有关背景介绍。本章简要回顾了中国资本市场的发展概况，介绍了中国公司交叉上市的历程和政策背景，在此基础上分析了中国公司交叉上市模式的变迁，最后介绍了中国交叉上市公司的特征，包括上市时间、行业分布、发行规模与发行价格、在其他交易所上市的情况等。

第4章是交叉上市对公司治理的影响研究。从本章开始是本书的实证部分。本章将交叉上市公司与非交叉上市公司进行了比较分析，运用Logit模型，结合投资者保护水平，实证考察交叉上市公司的公司治理变化。

第5章是交叉上市对公司经营绩效的影响研究。本章构建了一个多指标综合评价体系，运用主成分分析法考察了公司从交叉上市开始3年时间内公司经营绩效的变化，对公司的业绩变化按照行业和交叉上市模式进行分类分析，并对业绩变化的原因进行深入探讨，为投资者的投资决策和公司的管理决策提供有益的参考。

第6章是交叉上市的市场反应研究。本章根据中国公司交叉上市模式的不同将公司分为3组，运用事件研究法选择多个事件日全面考察同行业公司股票价格的变化情况。同时由于“先A后H”模式是中国近年才出现的交叉上市模式，本章还考察了公司本身在交叉上市过程中股票价格变化情况，并与已有的研究进行比较分析，揭示其中的规律和作用。

第7章是交叉上市的价格发现、波动溢出效应和股价联动效应研究。本章从市场互动的角度，运用协整理论、误差修正模型，根据Gonzalo和Granger(1995)提出永久暂时模型，考察交叉上市的价格发现能力。本章还建立多元GARCH模型，考察交叉上市的波动溢出效应，确定中国证券市场现阶段的地位和国际化程度。

第8章是A股和H股市场的股价联动研究。本章继续从市场互动的角度，选择Copula函数，通过建立常相关和时变相关Copula模型，考察交叉上市的A股和H股的联动效应。在研究结论的基础上，作者从交叉上市和香港证券市场的窗口作用的角度，探讨了中国证券市场的国际化之路。

第 9 章是本书的总结。本章包括本书研究得出的主要结论与启示，以及本书研究的局限性和今后进一步研究的方向。

1.4 主要创新点

本书在借鉴国内外有关交叉上市研究的基础上，立足中国国内市场，运用实证方法，同时辅以大量的数据、图表，对中国公司交叉上市的影响进行比较系统的研究。本书的主要创新体现在以下 6 个方面：

第一，基于中国特色的经济发展背景和资本市场发展现状，本书从公司、投资者和市场互动 3 个方面系统考察了交叉上市的影响机制。3 个方面层层递进，构建了一个研究中国公司交叉上市影响的相对完整的框架。

第二，结合中国资本市场发展历程和中国公司交叉上市的政策背景，本书在理论上对中国公司交叉上市模式进行分类、对比，分析 3 种模式的利弊、模式变迁的原因，指出今后中国公司交叉上市模式选择的趋势。现有的研究文献大都笼统地把中国交叉上市公司作为一个整体进行考察，难以发现不同交叉上市模式的具体特点。近年来，中国公司交叉上市模式发生了质的转变，"同步上市"和"先内后外"模式被越来越多的公司所采用。本书在相关内容的研究过程中，按照交叉上市模式的不同进行分类，更具体地考察了不同模式对中国公司交叉上市的相关影响。

第三，本书在论证交叉上市对公司治理的影响时，参考了李增泉等(2004)的多变量回归模型。根据研究的需要，对该模型进行必要的修改，删减了一些自变量，增加了一个自变量，即交叉上市(CROSS)虚拟变量。观察虚拟变量的系数，考察交叉上市对控股股东占用公司资金的影响，从而考察交叉上市等因素对公司治理的影响。

第四，突破以往针对个别公司、采用单一绩效指标进行分析的局限，建立多指标综合评价体系，考察了交叉上市公司的经营绩效变化，并对得出的结果进行分析，结合中国的市场背景深入探讨了公司经营绩效变化的原因。

第五，国内现有的为数不多的市场反应的研究文献大都只选择一个事件日考察交叉上市的市场反应，得出的结论往往不能客观反映市场的实际情况。本书选择多个事件日（如核准日、公告日、发行日、上市日等）并根据交叉上市模式的不同进行分类，较为系统地考察了国内市场对公司交叉上市的反应。同时，"先A后H"模式是近年来出现的、与交叉上市国际惯例相同的模式，本书首次考察了公司本身在交叉上市过程中的市场反应。

第六，本书直接采用恒生指数服务公司推出的AH股 *A* 指数和AH股 *H* 指数进行建模，考察交叉上市的价格发现、波动溢出效应和股价联动效应。选择该指数建模可以避免采用公司价格数据或其他指数的噪声影响，能够从宏观上更客观把握两地市场的价格发现能力和信息传递的方向，也能更客观把握中国A股市场现阶段的发展状况和市场地位。

第 2 章 国内外交叉上市研究进展

国内外有关交叉上市的研究文献很多，研究的角度包括市场分割、融资约束、公司治理、经营绩效、流动性、市场反应、价格差异、价格发现、股价联动等许多方面，显得庞杂、凌乱。通过对有关文献的研读，并根据本书研究需要，本章从 3 个角度，即从公司、投资者和市场互动 3 个角度，将有关交叉上市的研究文献进行整理、归类，并作简要的评述。

2.1 交叉上市对公司影响的研究进展

公司作为市场微观主体，交叉上市首先对公司本身产生了影响。现有的有关交叉上市的研究文献主要集中在交叉上市对公司产生了怎么样的影响，由此形成了交叉上市的许多理论。根据对国内外文献研读、梳理，本节重点回顾了交叉上市对公司治理和经营绩效影响的文献。

2.1.1 交叉上市的公司治理理论

从 20 世纪 90 年代末开始，大量有关交叉上市的理论研究是从公司治理的角度展开的，由此形成了交叉上市的公司治理理论。交叉上市公司的治理理论也被称为约束理论，该理论认为，公司通过交叉上市，将接受到更加严格的市场监管和法律约束，承担更加严格的信息披露义务，能更好地保护小股东的利益，从而在一定程度上降低了公司股东或管理者从公司获取私人利益的可能性，提高了公司治理水平。如果公司治理得到改善，那么股东的利益，尤其是广大中小投资者的利益将得到更有力的保障，公司股票价格、收益率也会提高，从而促进公司价值提升。交叉上市公司治理理论主要是从信息披露的角度和司法约束的角度展开的。

1）信息披露理论

公司在另一个国家或地区的市场上进行交叉上市，首先必须遵循该市场的交易和会计准则。如果公司在一个信息披露更加规范的市场上市，执行更加严格的交易会计准则，会促使公司管理者严格按照市场有关规定披露公司相关信息，并使之常规化，进而带动公司内部管理常规化和制度化，最终提高公司治理水平。投资者，可以降低获取信息的成本。从长远看，这种规范信息披露制度使公司获得了投资者的信任，也在一定程度上增加公司本身的价值。

Moel(1999)建立了两个不同的股票均衡定价模型，考察两个信息披露要求不一样的市场上交叉上市公司股票价格变化。Moel 的理论假设是：在信息不完全的条件下，股票价格是交叉上市所在地市场信息披露水平的函数，信息披露水平越高，股票价格也越高。Moel 首先在理论上对模型进行了论证，认为在信息披露水平不高的新兴市场公司，如果股价波动剧烈，公司则更愿意到信息披露水平更高的成熟市场进行交叉上市；而信息披露成本相对高的公司则更不愿意通过交叉上市来披露更多的信息。Moel 也进行了实证检验，他以 1988—1997 年间在美国市场交叉上市的外国公司为样本，以公司管理层决策是否在美国证券市场进行交叉上市作为信息披露的选择指标进行了实证研究，实证的结果肯定了信息披露水平在交叉上市公司中得到改善。

Huddart，Hughes 和 Brunnermeier(1999)也考察了不同市场的信息披露要求对公司管理层交叉上市决策的影响。Huddart 等人把市场上的交易者分为两大类：一类是公司内部交易者，这类交易者既拥有信息优势，又拥有公司交叉上市决策权；另一类是流动性交易者，这类交易者是风险中性偏好。Huddart 等人认为市场会出现分化，交易将集中在信息披露水平高的市场。流动性交易者自然更愿意在信息披露水平高的市场进行交易，以降低交易成本;而内部交易者尽管知道自己的真实意图,但往往为了迷惑市场上的投资者,也愿意在这样的市场上进行交易。这样公司内部交易者往往选择在信息披露水平高的市场进行交叉上市。Huddart等人的研究表明,通过交叉上市提高公司的信息披露水平对投资者和交易所都有利,投资者的交易成本下降引致了公司资本成本的下降,而交易所因其高信息披露水平吸引了更多的上市公司和交易者。因为这个模型中把交易者假设成经济理性人,所以这个模型也被称为理性预期模型。后来,Pagano,Roell和Zechner(2002)通过大量可靠的数据支持了Huddart等人的观点。他们认为,美国市场与欧洲市场相比,美国市场的信息披露更加规范、严格,因此美国市场对海外公司更具吸引力,更多的公司愿意到美国市场上市。

Lang,Lins和Miller(2003)的研究在指标选择上进行创新。他们认为,公司的信息环境的指标的选择并不容易,也是造成实证困难的原因。他们认为外国公司在美国市场交叉上市会提高公司的市场关注度,会有更多市场分析师关注该公司并对其进行更准确的盈余预测等,因此他们的研究将公司交叉上市前后关注该公司的证券分析师人数和分析师对该公司盈余预测准确程度的变化作为公司信息环境变化的度量指标。他们的研究发现,海外公司在美国市场上市后拥有更多的市场分析师的关注,而且对公司盈余预测的准确度也确实有了很大的提高,这意味着交叉上市之后公司的信息披露质量得到了改善。Lang等人(2004)拓展了原有的研究,发现那些来自于新兴市场的、投资者保护水平较弱国家的公司,在美国市场交叉上市后,公司受到了更多的关注,公司价值得到了更大提升。

此后一些学者继续从信息披露的角度研究公司交叉上市行为。Wojcik,Clark和Bauer(2004)的研究对象是欧洲国家的公司。他们发现,这些公司如果在欧洲国家市场之间交叉上市,由于市场之间信息披露要求没有多大的差异,这些公司的公司治理水平与之前比较并没有得到改善,但是,一些在美国市场交叉上市的欧洲国家的公司,由于美国市场的信息披露要求更严格,这些公司的治理水平较之前有了很大改善,市场对公司治理的评级得分明显增加。Crawford(2007)的研究也认为在公司交叉上市后分析师覆盖面得到了显著提高。Crawford检验了交叉上市公司的市场分析师人数与监管环境（信息披露要求和法律环境）和市场力量的关系，研究表明公司交叉上市后分析师人数的增减与监管环境关系不是很大，而市场本身的驱使力量对公司分析师人数的增减影响强烈，因此限制公司管理者谋取私利，改善公司治理，从而保护了股东利益。

但也存在反面证据。Abdallah(2005)提供的证据表明，从公司在交叉上市后的表现来看，公司并没有真正提高其信息披露水平，反而在公司交叉上市前一年，公司的信息披露水平确实有改善。Abdallah 认为，这仅仅是公司的权宜之计，为的是获得顺利进入国际市场的途径。

2）司法约束理论

La Porta，Lopez-de-Silanes，Shleifer 和 Vishny(1997，1998)从“法与金融”领域开创性地研究了不同国家的投资者法律保护差异的问题。他们认为，不同市场的法制环境与公司融资的难易程度有直接关系。在一个法制环境更完善的市场，投资者保护水平更高，公司控股股东侵占公司资源的行为就会减少，因为控股股东侵占公司资源会受到严厉的法律制裁，因此，在这样的市场环境里，公司融资更容易进行。相反，在一个法制环境相对不完善的新兴市场，公司控股股东可以肆意侵占公司的资源，也因此得不到投资者的信任，最终导致公司在市场上的融资受阻。Stultz(1999)和 Coffee(1999，2002)沿着 La Porta 等人的思路提出司法约束(Legal Bonding)理论。Stultz(1999)认为公司治理问题应是交叉上市研究所要关注的一个方面，并指出独立董事、对小股东的司法保护、严格的信息披露要求等是监督公司管理者的重要机制。Coffee(1999，2002)从法学的角度认为，美国联邦证券法，尤其是控制权交易监管条例，为小股东的利益保护提供了最有力的保障。Coffee 还认为，法律制度相对不完善的新兴市场的公司在美国市场上市，公司管理者作假和侵占行为也会被遏制，亦即，外国公司可以通过在美国市场交叉上市实现自我约束，提高公司治理水平，投资者利益也将得到更有力的保护。

此后的一些学者对司法约束理论继续进行论证。Reese 和 Weisbach(2002)补充和发展了 Stultz(1999)和 Coffee(1999，2002)的司法约束理论，并进行了实证检验。Reese 和 weisbach 实证研究表明，新兴市场的公司投资者保护水平相对薄弱，这些公司在美国交叉上市后使公司在国内外市场融资活动更容易进行，支持了 Stultz 和 Coffee 的观点。

Doidge，Karolyi 和 Stulz(2004)在前人研究的基础上进一步推进。Doidge 等人认为，交叉上市使公司的融资渠道更宽，公司管理层侵占公司资源的行为更少，因此相对于只在本国市场上市的非交叉上市公司而言，这些公司由于得到了更多的资金支持，公司因此得到了更多的投资机会，从而提高了公司价值。Doidge 等人把原因归结于不同市场法制环境的不同，在法制环境良好的市场，公司股东和管理层的行为受到了严格的司法约束，这种法律约束的结果是投资者利益得到更有力保护，公司治理水平有很大的提高。

在司法约束的相关理论中，如何衡量投资者保护水平是一个重要的问题。学者们从不同角度进行了阐述。Doidge(2004)以表决权溢价作为度量控制权私利的指标。他的理论假设是：公司所在的母国市场的法制环境越差，公司在法治环境良好的市场交叉上市，表决权溢价下降越快。该研究发现，在美国市场交叉上市的外国公司的表决权溢价比非交叉上市公司平均低 43%，这说明公司在美国市场交叉上市后，公司投资者的利益受到了更有力保护。Dyck 和 Zingales(2004)使用了大宗股权交易溢价来衡量控制权私利，其结论也同样支持了 Doidge(2004)的结论。Djankov，La Porta，Lopez-de-Silanes 和 Shleifer(2008)提出了一套衡量各国小股东对抗公司内部人的新指数——反制自我交易指数(Anti-Self-Dealing Index)，他们认为这套指数相比他们之前提出的反制董事会指数(Anti-Self-Rights Index)能更好地衡量各国小股东保护水平。这些方法为后续的研究提供了新的依据和思路。

但与此相关的研究也有不同的研究结论。Burns 和 Francis(2007)的研究发现，公司交叉上市虽然可以降低投资壁垒，缩小市场分割程度，但即使公司在美国这样成熟的市场上交叉上市，对公司司法约束的力量仍然有限。

这里值得一提的是美国的《萨班斯法案》①。该法案对美国《1933 年证

---

① 《萨班斯法案》，又被称为《萨班斯・奥克斯利法案》，其全称为《2002 年公众公司会计改革和投资者保护法案》，由参议院银行委员会主席萨班斯(Paul Sarbanes)和众议院金融服务委员会(Committee on Financial Services)主席奥克斯利(Mike Oxley)联合提出，又被称作《2002 年萨班斯-奥克斯利法案》。

券法》、《1934 年证券交易法》进行大幅修订，在公司治理、会计职业监管、证券市场监管等方面作出了许多新的规定。该法案的出台有着深刻的市场背景。2001 年 12 月，美国最大的能源公司——安然公司，突然申请破产保护，此后，公司丑闻不断，特别是 2002 年 6 月的世界通信会计丑闻事件，“彻底打击了(美国)投资者对(美国)资本市场的信心”(Congress Report，2002)。为了改变这一局面，美国国会和政府加速通过了《萨班斯法案》，该法案的另一个名称是《公众公司会计改革与投资者保护法案》。法案的第一句话就是“遵守证券法律以提高公司披露的准确性和可靠性，从而保护投资者及其他目的”。该法案主要规定了禁止公司官员、董事等相关人员对审计实务施加不当影响；公司信息披露上，设定最低检查期，并在指定的日期内提交对分析师的利益冲突；同时包括了公司治理实务、执行(Enforcement Actions)、信贷评级机构等的专项研究报告等内容。《萨班斯法案》标志着美国证券法律根本思想的转变——从披露转向实质性管制，这也使得公司在美国上市要遵守更高严格的法律制度。《萨班斯法案》实施后，上市公司要受到更严格的法律约束，在其他市场已上市公司如果在美国市场进行交叉上市，必须达到该法案的要求。

总之，司法约束理论将交叉上市公司的市场表现与公司治理联系起来，成为公司治理一个重要的组成部分。这一领域的研究将是今后有关交叉上市研究的一个重要方向。

2.1.2　交叉上市的公司经营绩效理论

有关上市公司经营绩效的研究，现有的文献大都关注公司首次公开发行股票(IPO)或在同一个市场增发新股(SEO)后的经营绩效变化变化情况，而针对公司在交叉上市后的经营绩效变化的研究文献并不多，大多数散见于交叉上市其他研究文献中。本章对这些文献进行了梳理，在文献梳理中发现一个共同的研究结论是，交叉上市后相当长的一段时期内公司的业绩并没有提高，反而表现出下滑的趋势，交叉上市没有给投资者带来丰厚的回报。

1）公司经营绩效的表现

Alexander 等(1988)考察了 1969—1982 年之间 34 家外国公司(13 家加拿大公司)在美国市场交叉上市后公司经营绩效的变化情况。该研究发现，交叉上市并没有给这些外国公司带来长期业绩的好转，相反，这些公司在本国的累积超常收益在交叉上市后的 3 年内平均减少了 26%。Karolyi(1998)采用实证方法从不同角度对公司交叉上市后 1 年内的收益进行了测量。Karolyi 研究发现，交叉上市后公司在国内的经过风险调整的收益下降了 12%～19%，从而在很大程度上抵消了这些公司在进行交叉上市时因为股价上升所带来的收益。Foerster 和 Karolyi(1999)在检验交叉上市股票流动性与公司价值之间关系的研究中也涉及了公司经营绩效的统计。该统计结果表明，非美国公司在美国市场交叉上市后一年之内，公司本国股票的超常收益平均下降了 14%。Miller(1999)以 35 个国家 181 家公司在美国发行的 ADR 为样本，研究了市场分割对股票价格的影响，同样发现，这些公司在交叉上市后的 1 年内，公司在本国市场的股价平均下降了 4%。

基于交叉上市公司长期市场表现的研究不足，Foerster 和 Karolyi (2000)在他们 1999 年研究的基础上，专门对交叉上市公司的经营绩效进行了研究。这也是第一篇全面考察交叉上市公司经营绩效变化的文献。该研究以 1982—1996 年间在美国市场交叉上市的 333 家公司为样本，从美国市场和公司的本国市场两个方面考察这些公司股票价格的长期变化情况。该研究发现，在本国市场，这些公司交叉上市后，投资者的投资收益在 3 年时间内比本国市场平均收益率低 14%，比对比公司的同期收益率低 10%；在美国市场，这些公司的长期收益率比市场平均收益率低 28%，比对比公司低 7%。Mittoo(2003)考察了 71 家加拿大公司在 1991—1998 年期间在美国交叉上市的情况，该研究结果表明，交叉上市公司的正向价格效应和流动性效应仅仅是短期的，并且这种效应随着时间的推移有减弱趋势，而在长期中，这些公司在交叉上市后的 3 年时间内，股票收益下降了 13%～28.45%。Connor (2005)的研究发现，对于新兴市场的公司，如果公司以 ADR 形式在美国市场交叉上市，交叉上市对公司价值具有正面的影响；但如果公司以私募形式在美国市场交叉上市，交叉上市对公司仅提供短期收益。Sarkissian 和 Schill(2007)通过对来自 42 国家的 1 130 家公司在 25 个其他国家交叉上市后经营绩效的考察，发现这些公司在交叉上市后 5 年的时间内，公司调整的收益率平均下降了 9.66%。

以上研究结论几乎都表明，交叉上市并没有给公司带来长期经营绩效的改善，相反，公司在交叉上市后的几年内，其经营绩效是下滑的。

在这里，要提一下"新股发行之谜(New Issue Puzzle)[①]"。实际上，不仅是交叉上市公司，更普遍的一种现象是股票新发货增发后，现有的研究文献表明，长期的表现均差强人意。代表性的研究有 Ritter(1991)，Loughran 和 Ritter(1995)等人的研究。Ritter(1991)以美国市场 1975—1984 年间的 1 526 个 IPO 为样本进行考察，结果发现，IPO 的 3 年期表现要弱于投资组合的样本，IPO 的 3 年期的投资收益为 34.74%，而投资组合所组成的样本 3 年期间的收益为 61.86%。Rajian 和 Servaes(1997)的研究发现，公司上市 5 年后，其经营绩效比市场平均收益率低 17%～47.1%。股票增发也有类似的现象。Loughran 和 Ritter(1995)对 1970—1990 年间在美国市场发生的 SEO 时间进行研究后发现，公司股票增发后在 5 年内每年的年收益率只有 7%，而在相同条件下未增发的公司却达到 15%。Spiess 和 Affleck-Graves (1995)对美国市场上 1975—1989 年间 1 247 个 SEO 样本的研究发现，增发新股的公司在增发后 5 年内的收益率中值仅为 10%，而对照组的为增发公司同期收益率中值达到 42.3%。现有的研究文献表明，股票首发或增发后都难以维持上市前的业绩水平，反而表现为经营业绩下滑的趋势。

交叉上市如果从 IPO 的角度，对第二上市市场而言也是属于新股发行，因此新股发行之谜的结论从某种程度上也可以在交叉上市中体现出来。但交叉上市与公司在一个市场进行 IPO 显然是有区别的，其表象上的类似并不代表着产生原因也是一样的。

① Loughran 和 Ritter(1995)把 IPO 和 SEO 公司长期中经营绩效不佳的现象称为"新股发行之谜"。

2）经营绩效下滑原因的解释

股票 IPO 或 SEO 后经营绩效下滑的原因归结为以下几个观点：①根据 Jense(1986)提出的代理成本理论，认为公司首发或增发后成为公众公司，会导致分散的外部投资者对原有相对集中的股权稀释，管理层与外部股东的利益冲突和代理成本增加，出现了管理层将现金流投资于不利股东价值最大化的投资行为，从而导致公司经营绩效的下滑；②公司往往选择在业绩最好的时期进行首发或增发；③公司首发或增发后，公司内部控制系统失效，公司过度投资，能力严重过剩，引发价格战，导致公司经营业绩的下滑。

交叉上市不同公司单纯的 IPO 或增发行为，其经营绩效的下滑与 IPO 或 SEO 的原因有所不同。主流的有关交叉上市的研究文献表明，交叉上市可以提高公司的关注度(Baker 等，2002)；可以改善公司的信息环境，进而提高公司价值(Miller，2003)；可以提高公司股票交易量和流动性(Stulz，1999；Coffee，2002)；可以减少公司代理成本(Reese 和 Weisbach，2002；Doidge 等，2004)；还可以分散风险，降低资本成本((Mittoo，1992；Hail 和 Leuz，2006)。那么如何解释交叉上市后公司经营绩效下滑的原因呢？

Alexander，Eun 和 Janakiramanan(1988)试图用市场分割理论来解释。他们认为，公司在交叉上市前，由于市场分隔，股票的预期收益取决于股票与国内市场组合的协方差，但在公司交叉上市之后，股票的预期收益要同时取决于股票与国内和国外市场组合的协方差。在国内外投资者风险偏好相同的假设下，由于该公司与国内市场组合的协方差要大于其与国外市场组合的协方差，交叉上市后公司股票预期收益下降了。Domowitz，Glen 和 Madhavan (1998)也用市场分割理论来解释。他们认为跨市场信息联系、市场分割程度和国际市场复杂的竞争都是股票价格下降的原因，由于市场分割或不完全透明，就会造成交易信息在境外市场失真，导致风险增加和做市商信心不足，从而使公司股价下跌。Karolyi(1998)则提出了另一种解释，他认为，公司在交叉上市的时期一般是该公司在其国内市场表现最良好的时期，在这个时期，公司管理者才会进行交叉上市决策，以满足公司准备扩大经营的资金需求。在交叉上市之后，由于公司的表现开始转坏，体现在公司的经营绩效上是下滑的趋势。Karolyi 还提醒投资者在投资决策时应将公司交叉上市行为作为一种负面消息。Foerster 和 Karolyi(1999)则认为，由于市场对公司交叉上市决策的正面预期，导致公司在交叉上市前和上市时股价大幅上升，因此公司的股票价格在交叉上市后就会有所下降。Foerster 和 Karolyi (2000)则进一步解释，他们认为，ADR 类型、本国市场与美国市场的分割程度、本国市场的信息披露水平对公司长期经营绩效都产生了影响。他们认为，如果公司的母国市场是新兴市场，而且信息披露水平低，那么公司在美国市场交叉上市后其经营绩效相对要好些。Gozzi 等(2007)的解释是，不仅仅是因为公司交叉上市时其处于表现最良好的时期，还因为交叉上市成本超过了因交叉上市得到的收益，造成了交叉上市后公司经营绩效下滑，因此投资者对交叉上市公司也持消极态度。

2.1.3　其他理论

1) 流动性理论

主流的流动性理论认为，交叉上市可以提高股票的流动性，但已有研究文献得出不同的结论。Tinic 和 West(1974)就关注交叉上市对股票流动性的影响，也是最早的从市场微观结构对股票交叉上市流动性研究文献。他们对超过 1 500 家的加拿大公司的买卖差价进行考察，其中有 112 家是交叉上市公司，统计数据表明，交叉上市公司股票的买卖差价相对于非交叉上市公司要低，说明交叉上市公司的股票流动性要高于非交叉上市公司。Noronha, Sarin 和 Saudagaran(1996)则考察了 126 家在东京与伦敦市场上市的美国公司股票的买卖差价，他们发现，这些公司在交叉上市后的 250 天时间里，美国本土市场上的买卖指令深度大大提高，国内流动性大大提高。Foerster 和 Karolyi(1998)考察了 52 家在美国交叉上市的加拿大公司的交易量变化情况，他们发现交叉上市后，股票交易量提高了 29%左右，但两地市场的提高幅度不同，多伦多市场的交易量平均大约增加了 5%，有的股票交易量反而下降了。他们以最小价格变化为数据单位对买卖价差中位数进行统计，研究结果表明，交叉上市后加拿大本土市场的股票买卖价差下降了，说明加拿大国内市场的流动性提高了。

Chowdhry 和 Nanda(1991)在 Kyle(1985),Admati 和 Pfleiderer(1988)研究的基础上对交叉上市提高股票流动性的机制进行了解释。他们认为市场上存在两类交易者——知情交易者与流动性交易者。知情交易者的交易动机是利用内幕消息实现利润最大化,流动性交易者的动机是出于外部的各种需求。当股票在不同的市场进行交易时,流动性交易者根据不同市场的交易成本进行投资决策,如果一个市场的交易成本低,就会把流动性交易者吸引到这个市场。知情交易者出于掩饰其真实交易意愿的目的,也往往到交易成本低的市场交易,这样,成本低的市场就聚集了大量的交易者,从而市场流动性得到提高。Chowdhry 和 Nanda 把这种流动性聚集现象称为"赢者市场主宰(Winner Market Takes All)"。他们还进一步阐述,由于竞争的存在,各个市场采取降低交易成本的措施会推动市场整体质量的提升。

总的来说,公司交叉上市后股票在两地市场的流动性有所提高,这一理论得到了学术界普遍认可。

2) 投资者认知理论

投资者认知理论的观点是,公司交叉上市后股票的投资者基数、关注公司的分析师人数和媒体报道频率都增加了,从而投资者对公司的认知程度提高了。一般的说,越成熟、越高层次的市场,投资者的基数越大,公司被认知的程度就越高。对已经上市的公司而言,再到国际市场上进行交叉上市,可以扩大投资者的基数,提高公司的认知程度。

投资者认知理论最初的检验是针对美国市场上的 OTC 公司转板到 NYSE 挂牌上市的情况。Kadlec 和 McConnell(1994)发现,273 家 OTC 公司转板到 NYSE 上市后,公司的股东数平均增加了 19%,其中机构投资者数量增加了 27%,说明公司转板上市后被认知的程度提高了。

Foerster 和 Karolyi(1999)则从交叉上市的角度检验投资者认知理论。他们对 1976—1992 年在美国市场上进行交叉上市的 317 只 ADR 进行了考察,研究发现,交叉上市后投资者基数增加了 28.8%,从而验证投资者认知程度的提高。Miller(1999)在此对交叉上市的投资者认知理论进行验证,他以美国不同的交易所作为投资者认知度的替代指标进行间接的考察，样本是在美国市场上发行181只DR，研究发现NYSE/NASDAQ的投资者认知度最高，OTC居中，PORTAL最低。同时他还验证了不同交易所的市场反应程度，NYSE/NASDAQ的市场反应最强烈，OTC居中，PORTAL的市场反应最平淡。Baker，Nofsinger和Weaver(2002)则以公司的知名度，包括关注交叉上市公司股票的证券分析师人数、报纸对公司的报道次数，作为投资者认知度的指标进行考察，研究发现，公司交叉上市后，公司的知名度显著提高，而且，知名度提高与公司的权益成本的下降密切相关。Lang，Lins和Miller(2003)对Baker等人的研究进一步深入，研究发现，公司交叉上市后，关注公司的证券分析师人数明显增加，并且分析师对公司盈余的预测准确度也明显提高，从而公司提高了公司的认知度并得到更多投资者的认可。

可以看出，相关的研究文献从不同的角度对投资者认知理论进行了验证，尽管所选择的指标不同，但研究结论都一致认为公司交叉上市后提高了投资者认知度。

3) 信号传递理论

信号传递理论强调，交叉上市被视为传递公司重视投资者保护、严格披露信息、减少控股股东侵占公司资源、规范公司管理等方面的积极信号，亦即交叉上市可改善投资者信息质量，使投资者对公司价值的预期得到提升。Cantale(1996)和Fuerst(1998)基于信息不对称理论以及市场信息披露水平和投资者法律保护程度等条件提出了信号传递理论。Cantale(1996)认为，公司到信息披露水平更高的市场上市，可以反映出公司管理层对公司管理质量和未来盈利能力的信心。市场对公司信息披露要求越严格，越能吸引业绩好的公司到该市场上市以显示公司的实力，市场对公司的评价也越高，因此，公司的股价上升程度与市场的学习披露程度密切相关。然而，也有不同的声音，Abdallah(2005)提供的证据表明，从公司在交叉上市前后的比较看，交叉上市后并没有提高公司信息披露水平，没有给投资者以积极的信号。Fuerst(1998)在Cantale建立的理论模型上进行深化，将信息披露要求的变量扩大为市场的整体监管力度，并建立两阶段模型对公司进行交叉上市的市场选择和后期的利润实现进行了论证。Fuerst 认为好的公司愿意选择到成本大的但相对成熟市场上市，以传递公司的正面信号，彰显公司的实力。Lang 等(2003)，Wojcik 等(2004)以及 Barzuza(2006)的研究都支持了信号传递理论。

4) 融资约束理论

一些学者研究了交叉上市对公司融资约束的影响，试图发现交叉上市能否减低公司融资约束。Lins，Strickland 和 Zenner(2005)提出了交叉上市的融资约束理论，该理论认为，公司之所以进行交叉上市，是希望通过交叉上市放松公司的融资约束，使公司获得更多的外部资本来满足公司发展的需要。Mittoo(1992)，Pagano 等(2002)对交叉上市公司管理者的问卷调查中验证了这一理论。然而，作者这一理论没有更深层次的意义，因为公司进行外部融资一般是在公司内部现金无法满足公司投资需要时才进行的，公司进行交叉上市主要的目的也是为了获得外部资本和降低对内部现金的依赖性。更有意义的问题似乎在于公司在交叉上市之后的各方面表现。

2.1.4 国内研究文献综述

在国内，交叉上市对公司影响的研究文献不多。尽管有关公司治理的文献很多，但从交叉上市的角度研究公司治理的文献还很少，相关的文献一般把公司治理和经营绩效结合起来进行研究。陈昀、贺远琼(2009)将中国的 A+H 股公司与国内非交叉上市公司进行对比考察，研究发现，这些 A+H 股公司在治理指标的统计上比对比公司要好，但两者在经营绩效上并没有太大的差异。程敏(2009)也是把公司的治理水平和公司的股利分红结合起来考察。她从公司治理的外部环境，如法制环境、市场监管的严格程度、信息披露要求等方面考察国内外市场对投资者保护水平的差异，以此来观察公司股利分红情况。国内的研究文献中，专门针对交叉上市公司治理水平的文献尚缺乏。

以交叉上市公司为研究对象对公司经营绩效进行研究文献也不多。潘岳(2007)采用两种绩效对照基准、两种经典的收益率计算方法，比较系统地考察了 H 股回归 A 股后的经营绩效，同时也从单指标和多指标综合评价的角度，分别考察了公司交叉上市互殴的长期经营绩效。该研究发现：①以累积收益率和持有期收益率衡量的市场表现是相同的。采用行业和规模对照组作为绩效对比的标准，公司交叉上市后的长期经营绩效表现略差与对照组公司，而采用市场业绩最为基准时，交叉上市公司在两地市场都表现出长期恶化的趋势，公司在 H 股市场的表现更差。②在利用 *ROA*、*ROE* 以及 *EVA* 等单个财务指标分析公司的经营绩效时，相对行业和规模对照组，交叉上市公司在交叉上市前的经营绩效明显好于对照组公司，单在交叉上市后公司的绩效快速下滑，两组公司的差距迅速缩小，在交叉上市后的第一年、第二年的经营绩效已经不存在明显差异。相对于市场业绩而言，交叉上市公司的经营绩效同样出现长期恶化的趋势，经营绩效显著弱于市场。利用多个财务指标的综合分析结果也得出一致的结论。③从长期看，交叉上市公司的市场表现能够反映公司的会计信息。公司交叉上市后整体经营能力下降的事实说明，由于交叉上市而得到的融资条件的改善并没有被充分利用，募集资金的使用效率不高，市场的投资者利益受到很大的损害，也支持了中国公司回归 A 股交叉上市是利用国内证券市场进行“圈钱”的观点。潘岳的研究具有一定的代表性，研究的结论也相对客观。当然当时的交叉上市公司样本不多，而且都以“先 H 后 A”模式进行交叉上市。随着交叉上市公司数量的增加以及交叉上市模式的多元化，结论也应该有所不同。

国内一些学者也从其他的角度研究了交叉上市对公司影响。田秀杰(2006)对 A+H 交叉上市的 A 股公司流动性进行了研究，该研究从日间价格波动和非交易时间价格波动两个角度进行考察，实证结果表明交叉上市后公司股票波动性降低但流动性并没有显著的提高。潘岳(2007)则以 29 只 A+H 公司为样本，考察了 H 股公司的流动性变化情况，发现交叉上市前后 H 股流动性并没有多大的变化。潘越，戴亦一(2008)实证研究结果显示，H 股公司在返回内地市场前存在严重的融资约束，实现交叉上市之后公司投资对现金流的敏感度明显降低，融资约束得以有效放松，公司从外部资本市场再融资的频率和金额都显著增加。肖双，沈艺峰(2008)基于“法与金融”的视角，对 A+H 公司进行了研究，结果表明，公司跨市场上市对融资成本具有降低作用，这种降低作用与香港较为严格的投资者保护制度有关。覃家琦、何青和李嫦娟(2009)采用数据包络分析方法探讨跨境交叉上市能否提高公司的投资效率，他们的研究结果表明，大部分 A+H 公司的规模效率小于1但规模报酬是递增的。

总体上看，国内有关交叉上市对公司影响的研究显得不足，相关的研究有待深入。

2.2 交叉上市市场反应的研究进展

上一节将有关交叉上市对公司影响的研究文献进行了回顾和整理，主流的经验普遍认为交叉上市对改善公司治理、提高投资者保护水平等方面有积极的作用，但有关的研究文献也表明公司在交叉上市之后的长期业绩表现却呈现下滑趋势，学者们对各种可能的原因进行了解释。交叉上市不仅对交叉上市公司本身产生影响，公司交叉上市过程也对市场的投资者造成影响。本节将交叉上市对市场投资者影响的研究文献进行了梳理，此类研究相对较少，也没有达成一致的看法。本节对交叉上市市场反应的研究文献进行了归纳。

2.2.1 交叉上市的市场反应理论

公司在交叉上市过程中势必对市场造成冲击，投资者显然要对此行为做出反应，无论是本国市场还是国外市场。投资者的市场反应主要体现在交叉上市对市场竞争者(同行业公司)和公司本身股票价格的变化上，包括本国市场和国外市场。国内外学者对交叉上市市场反应的研究并没有得出一致的结论。

1) 市场反应的表现

Switzer(1986)是最早考察交叉上市市场反应的学者，此后许多学者对交叉上市的市场反应展开研究，研究的结论并不一致，有正面、负面和不显著的。Switzer(1986)通过对1962—1983年在美国上市的25家加拿大公司进行交叉上市的市场反应进行考察，研究发现，这些公司交叉上市后，股票的超常收益率在 60 天内达到了 11%，说明交叉上市给公司股价带来了正面的影响。Switzer(1997)对原来的研究进行了修改，改变了样本区间和事件日的选择，样本区间变为 1985—1996 年之间，并以公告日替代上市日来考察交叉上市的市场反应。之所以选择公告日而不是上市日，他认为如果将上市的公告作为传递公司管理层对公司全球化经营的信心的一个信号，那么公司交叉上市的公告对市场反应有主要的影响。该研究显示，公告期内公司的累计超常收益显著为正，而上市期内的市场反应却并不显著。Jayaraman 等(1993)以在美国市场发行的外公司的 ADR 为研究对象，通过 95 只 ADR 在 1983—1988 年期间的收益率变化情况的考察，显示在上市当月，累计超常收益为 0.33%。Foerster 和 Karolyi(1993)考察了 56 家加拿大公司股票 1976—1992 年间在美国交叉上市的超常收益率变化情况，研究结果显示，上市前的超常收益为 9.4%，上市日为 2%，上市后 100 日内降为 −9.7%。Foerster 和 Karolyi(1999)以发行日作为事件日的研究结果显示，上市前的超常收益为 15%，上市当周显著为正，上市后减少为 −12%。Pinegar 和 Raviandran(2002)则以在美国和其他市场发行 GDR 的 60 只印度股票考察对象，研究显示，公告期内的超常收益显著为正，发行期内的超常收益并不显著。

有的研究文献结论显示为负面的或不显著的市场反应。Alexander 等(1988)以上市日作为事件日考察了 34 家非美国公司 1969—1982 年间在美国市场上市前后的月超常收益变化情况，研究发现，上市前这些公司有 12% 的超常收益，上市当月的超常收益为 −4%，其中非加拿大公司则为 −38%。由此可见交叉上市的上市日效应是负面的。Varela 和 Lee(1991)的研究结果也显示市场反应是负面的。他们考察在多伦多或伦敦市场交叉上市的 111 只美国公司股票在 1973—1987 年间的日超常收益变化情况，研究结果显示，上市后超常收益减少了 1.5%左右。Lau(1994)以在其他国际市场交叉上市的 123 家美公司为研究对象，选择了公告日、接受日和上市日为事件日进行考察，研究结果显示，公告日、接受日的收益变化均不显著，上市日的超常收益为 −0.29%，上市后为 −3.95%，而公告期内的变化不显著。

Viswanathan(1996)考察了在美国发行 ADR 的 20 只股票的情况，研究也显示，上市前、当时和之后的超常收益都为负。

Bradford、Martin 和 Whyte(2002)将公司交叉上市行为对市场的影响分为两类，即美国市场和公司的母国市场。他们的研究表明，公司交叉上市给在美国市场的同行业公司带来了有利的影响，但公司母国市场的同行业公司却受到了不利的影响。Melvin 和 Valero(2005)考察了外国公司在美国市场交叉上市给公司本国市场竞争对手的股价带来的影响。他们认为这种影响要依情况而定，如果公司在美国市场交叉上市使其获得了更多增长机会，那么母国市场的竞争对手会受到很大的压力，对竞争对手不利。他们还认为，如果交叉上市公司是来自新兴市场的国家，那么母国市场的竞争对手要面临更大的压力，增长机会将受到影响。Lee(2003)分析了 2001 年 9 月之前拉丁美洲与亚洲 13 个国家的公司在美国发行 ADR 的情况，也发现交叉上市对国内其他公司尤其是同行业公司带来了不利的影响。Melvin 和 Valero-Tonone(2005)对 1986—2002 年间 20 个国家的 146 家在美国交叉上市的公司进行了考察，研究发现，外国公司在美国发行 ADR，在公司交叉上市日前 11 天左右，公司母国市场的主要同行业公司的股价下降了 2.2%。该研究还同样认为，来自新兴市场国家的公司，其同行业公司受到了更大的不利影响。

当然，也有少量研究文献表明，公司交叉上市也会给母国市场的同行业公司带来有利的影响。Alexander、Eun 和 Janakiramanan(1987)的研究认为，公司交叉上市后，市场之间不再是分割的，投资者可以通过购买交叉上市公司的股票来分散投资风险，这样投资者所要求的收益率会降低，也因此交叉上市公司的股价会上升，进而带动母国同行业公司股价上升。Edison 和 Warnock(2003)在研究 29 个新兴市场的自由化进程时指出，交叉上市导致资金暂时流向新兴市场国家，但没有持久性，上市效果并不会影响到国内的其他公司。

交叉上市对同行业公司影响的研究主要是针对母国市场展开的。Nuno(2005)将交叉上市对母(本)国同行业公司的影响分为两类不同的影响机制，即负面的分流效应(Diversion Effect)和正面的风险分散效应(Risk

Dispersion)。分流效应是指公司在外国市场交叉上市后,把本来应该在本国市场发生的投资和交易转移到了国外市场,导致本国市场交易量减少。Levine 和 Schmukler(2006)进一步将分流效应分为市场之间的跨境迁移(Migration)和本国市场内的交易分流(Trade Diversion):跨境迁移指交叉上市公司股票的主要交易由国内转移到国外,投资者更倾向于投资在国外上市的部分(如 ADR),从而导致在国内股票市场的市值和流动性减少;交易分流是针对本国国内市场而言,指国内公司在国外市场交叉上市,在本国市场中形成了“有实力”的公司形象,投资者在这种预期的引导下,倾向于投资这些公司的股票,导致对其他公司,特别是同行业公司的交易量减少。Melvin 和 Valero-Tonoe(2005)指出,本国市场内交易分流的一个重要原因是交叉上市的信号示意功能,即公司交叉上市在本国市场上树立了“高质量”公司的形象。当然,这些学者的研究结论隐含的一个假设条件是公司交叉上市的模式是先内后外,即公司先在本国市场上市,然后再到其他的市场上市。

2) 事件日的选择

在研究方法上,市场反应的研究主要运用事件研究法(Event Study)。事件研究法的优点在于其研究的思路简单明了,通过计算累积超常收益来反映交叉上市事件对其他公司股票价格的影响程度。

有一点至关重要,那就是事件日的选择。选择不同的事件日进行研究可能导致迥异的结论。在对相关文献进行整理过程中发现,学者对事件日的选择一直存在着争议。相关的研究文献中,交叉上市事件日的选择主要有 3 个,即申请上市公告日、接受申请日和上市日。主流的观点认为应该选择实际上市日作为研究的事件日,也因为实际上市日数据容易得到而被许多学者所采用。有学者对此提出了异议。Licht(1996)曾指出,证券市场对信息反应敏感,应该选择信息公告日作为事件日,因为从公告日到实际上市日之间还有一段很长的时间间隔,这一期间内市场基本完成了交叉上市事件信息的消化和吸收,这段时期内的市场反应才是真实的。然而,也有学者对选择公告日作为事件日提出了不同的看法。Foerster 和 Karolyi(1999)认为，公告日提供给市场的是噪声信号，不能完全反映交叉上市信息对市场的影响。Martell，Rodriguez 和 Webb(1999)也认为，股票价格变化并不完全是信息公布所引起的，有些变化只有在实际上市后才可能发生，因此应该选择实际上市日作为事件日。表 2-1 给出了市场反应主要研究文献的事件日的选择与结论。

表 2-1　交叉上市市场反应研究主要研究文献的事件日选择与结论

文　献	研究对象	样本数据	事件日	主要结论
Switzer(1986)	在 NYSE 或 AMEX 上市的加拿大公司	25 只股票，1962—1983 年间的日数据	上市日	上市后 60 天内 11%的超常收益
Alexander，Eun 和 Janakiramanan (1988)	在美国市场上非美国公司	34 只股票，1969—1982 年间，月度数据	上市日	上市前 12%超常收益，上市当月 －4%，其中非加拿大股票－38%
Varela 和 Lee (1991)	在多伦多或伦敦上市的美国公司	111 只股票，1973—1987 年间的日数据	上市日	超常收益减少 1.5%
Jayaraman 等 (1993)	在美国市场发行的外国 ADR	95 只 ADR，1983—1988 年期间的日收益率	上市日	上市当月累积超常收益为 0.33%
Foerster 和 Karolyi(1993)	在美国市场上市的加拿大公司	56 只股票，1976—1992 年间的日数据	上市日	上市前超常收益为 9.4%，上市当日为 2%，上市后 100 日内减少为－9.7%
Lau(1994)	在其他国际市场上市的美国公司	123 只股票，1962—1990 年间的日数据	公告日、接受日和上市日	公告日、接受日不显著，上市日的超常收益为－0.29%，上市后为－3.95%
Viswanathan (1996)	在美国上市的非美国公司	20 只 ADR，1988—1993 年间的日数据	发行日	上市前、当时和上市后超常收益都为负
Switzer(1997)	在美国上市的加拿大公司	79 只股票 1985—1996 年间的日数据	公告日和上市日日	公告效应显著为正，上市效应微弱为正
Foerster 和 Karolyi(1999)	在美国上市的非美国公司	161 只 ADR，1988—1993 年间的周数据	发行日	上市前超常收益 15%，上市当周显著为正，上市后减少为－12%

（续表）

文　献	研究对象	样本数据	事件日	主要结论
Pinegar 和 Raviandran (2002)	在美国或全球发现 GDR 的印度公司	60 只 GDR，1992—1997 年间的日数据	公告日和发行日	公告期内的超常收益显著为正，发行期内则不显著
Bradford、Martin 和 Whyte(2002)	在美国市场的美国同行业公司和外国的同行业公司	269 只股票，1970—1999 年期间的日数据，月数据	上市日	美国同行业公司在上市期间(＋2，＋10)内持有期收益为－0.43，外国本土的同行业公司上市当月持有期收益为－1.22
Melvin 和 Valero(2005)	在美国市场发行 ADR 的非美国公司的同行业公司	146 只 ADR，1986—2002 年间的日数据	公告日和上市日	上市期内同行业公司的累积超常收益为－2.2%，公告期内为－0.45%

注：本表由潘岳(2007)著作的 51 页表格增补而来。

2.2.2　国内研究文献综述

目前，国内有关交叉上市市场反应的研究文献还很少。潘岳(2007)利用事件研究法，以标准化的累积超常收益为指标，分别以证监会核准 A 股发行的公告日和 A 股上市日作为事件日，利用事件窗口期之后的资料作为估计期，考察了 H 股公司回归 A 股市场上市的 H 股公司的市场反应。该研究认为中国 H 股公司回归内地 A 股市场上市前，H 股公司的累积超常收益显著为正，说明 H 股公司回归 A 股市场上市对其产生了正面的影响。董秀良、曹凤岐(2009)同样利用事件研究法，以累积超常收益为指标，以 H 股在 A 股市场首次公开发行日作为事件日，利用事件期(－45，30)前的(－210，－61)期间作为估计期，考察了 H 股公司在回归 A 股市场交叉上市事件对原上市地市场(H 股市场)股价的影响。该研究表明，H 股公司累积超常收益在 H 股回归 A 股之前都有一个明显的上升，并且在 H 股回归 A 股首次公开发行日达到最大值，然后开始呈现逐步下降的趋势。该研究还对这种现象进行了解释，认为 H 股市场投资者如此乐观的预期并非源于公司治理的改善，而是“源于 H 股回归 A 股的高溢价发行将为公司带来更加廉价的资本，并使其所持股票的权益资产快速增加，但这种A股高溢价发行的背后是内地投资者的资产被稀释的结果”。潘岳(2007)、董秀良、曹凤岐(2009)的研究主要针对H股市场，并没有涉及国内A股市场的反应。

王景(2007)立足国内，利用对比公司法和事件研究法，实证分析了交叉上市对国内同行业上市公司带来的影响。该研究认为，对比公司对交叉上市的市场反应为正，并且这一反应由宣告日后开始，到上市日后逐渐消失。交叉上市给非交叉上市公司带来了正的净溢出效应。陈国进，王景(2007)以全体同行业公司为样本进行研究，市场反应也基本一致，但该研究认为交叉上市还没有为同行业公司带来明显的风险分散效应。王景(2007)、陈国进、王景(2007)的研究以“先H后A”模式考察交叉上市对国内同行业公司的影响，并没有涉及其他的模式。随着中国公司交叉上市模式的变化，不同模式的国内市场反应也应有所不同。

2.3 交叉上市市场互动的研究进展

上两节从公司、投资者两个角度对有关交叉上市的研究文献进行了回顾和整理。本节从市场互动的角度将相关的文献进行整理和归纳，主要针对价格发现的研究文献进行整理。

2.3.1 交叉上市的价格发现理论

1) 价格发现机制

从市场互动角度考察交叉上市行为主要是价格发现问题的研究。Schreiber和Schwartz(1986)提出价格发现的定义，“价格发现是市场中的各种信息迅速有效地传递给资产，使资产价格对信息冲击有所反映”。Hasbrouck(1995)也对价格发现提出了定义，即价格发现是“证券市场不断吸收、消化新信息并使证券价格调整至均衡的过程”。

Garbade和Silber(1979)是市场定价权研究的开拓者，他们运用高频数据检验市场间报价的差别以确定NYSE与地方市场在股票定价上的地位。

他们的研究结论是 NYSE 是“支配市场”而地方市场是“卫星市场”。他们还指出,同一证券在不同市场的交易价格有一个“共同的隐含有效价格(Common Implicit Efficient Price)”。这一概念指出了在多个市场交易的股票价格和收益率之间由于套利或短期均衡因素而存在着某种联系。后续的学者从这个联系出发对在两个市场上交易的股票进行价格发现的研究。

Chowdhry 和 Nanda(1991)的研究认为,公司在多个市场交叉上市时,在不同市场上该公司的股票交易量有所不同,交易量相对大的那个市场在该公司股票的价格上拥有更多的定价权。此后,不同学者从实证上进行了研究,基本上都支持了国内市场掌握定价权的观点。Narketal(1991)认为,国外市场上某公司的股价对该公司在国内市场上的股价变化会给出充分的反应,而国内市场上该公司的股价对国外市场变化的反应则较小,亦即国内市场掌握股票定价权。Ding,Harris,Lau 和 Mclnish(1999)考察了东南亚市场的情况,他们以同时在马来西亚和新加坡市场交叉上市的马来西亚国家公司的股票进行分析,研究显示 26%～32%的价格发现归功于新加坡市场,大约 70%的价格发现发生在马来西亚本国市场。Lieberman,Ben-zion 和 Hauser(1999)考察了其他国家的公司在美国交叉上市的情况,得出了相似的结论。他们的研究结果表明,两个市场之间不存在套利机会,本国市场通常处于主导地位,而美国市场则属于从属地位。Hupperets 和 Menkveld(2002)研究了欧洲市场与美国市场的情况,研究发现,欧洲国家的公司在美国市场交叉上市后,这些公司的母国市场对公司拥有定价权。Eun 和 Sabherwal(2003)则关注了美洲国家市场间的价格发现情况。他们研究了加拿大公司美国市场交叉上市的股票,发现加拿大国内市场在价格发现过程中起了主要的作用。

从以上的研究结论可以看出,有关交叉上市价格发现的文献几乎都肯定了母国市场的价格发现能力。当然国外的研究文献中隐含的假设是交叉上市模式是“先内后外”,这种模式也一般是新兴市场到成熟市场。中国公司交叉上市的模式多元化,市场反应的特征也应该有所不同。

2) 研究方法

在价格发现的研究方法上,主要有两个经典的模型,在此基础上衍生出了一些其他的方法。Gonzalo 和 Granger(1995)的永久暂时模型(Permanent Transitory;PT)及 Hasbrouck(1995)的信息份额模型(Information Share, IS),被学者们广为采用。现有的研究文献大都是运用这两种方法对价格发现进行测量。永久暂时模型主要关注于分解出的公因子成分和误差修正过程,价格发现的测量与永久成分中的系数向量有直接密切的关系,不同市场对公因子的贡献以该市场误差修正系数的函数来衡量。信息份额模型思想是将每一市场价格内部中影响有效价格的新信息方差考虑其中,即模型利用不同市场对公因子干扰项变动的相对贡献来测量价格发现,该贡献被称为信息份额。此两模型共同点是单整时间序列存在协整关系基础上根据向量误差修正模型(Vector Error Correction Model, VECM)的误差修正向量导出的。基于 IS 模型给出的价格发现测量是带有上下限的区间,Lien 和 Shrestha(2008)在 Hasbrouck(1995)研究的基础上进行了改进,他们关注于 IS 模型的因子结构,构造了一个新的因子结构使得的价格发现测量值是唯一的。

2.3.2 其他理论

1) 市场风险理论

这类的文献相对较早,是基于传统资本资产定价模型(CAPM)展开的。国外学者认为,由于市场分割(Market Segmentation)导致投资者不能跨市场进行多样化投资来分散风险,投资者要承担更高的市场风险,因此也要求更高的市场收益率。公司交叉上市之后,投资者由于投资分散化,投资风险降低,从而所要求的预期收益率也降低。

Stapleton 和 Subrahmanyam(1977)提出了市场分割理论,这也是第一篇关于交叉上市的研究文献。他们认为,公司交叉上市在某种程度上可以消除市场之间的障碍,原本分割的两个市场之间通过公司交叉上市联系起来,投资者可以通过投资这些公司的股票来分散投资风险。Alenxander 等人(1987)的视角转移到交叉上市对资本资产定价的影响上。他们认为,当公司只在国内上市时,公司股票预期收益率仅取决于该股票与国内市场组合的协方差，但在公司交叉上市之后，股票预期收益率则同时取决于该股票与国内外市场组合的协方差。他们的研究假设是：公司股票与国内市场的相关性更大因而与国内市场组合的协方差更大；在公司交叉上市后，股票与国内外市场组合的协方差有所降低，因而股票的预期收益率也有所下降。然而Yagil和Forshner(1991)的研究结果与上述有所不同。Yagil和Forshner研究的目的在于解释交叉上市如何减少市场分割的不利影响。他们通过建立均值方差模型证明，与仅在国内市场上市的股票相比，交叉上市公司股票的期望收益率较高但方差较低。但他们的研究与传统的CAPM理论不一致，传统的CAPM理论认为，方差降低时期望收益也应下降，否则将存在套利机会。Karolyi(1998)建立多因素风险模型(Multi-Factor Risk Model)进行研究，发现公司交叉上市后国内市场风险得到显著降低，外国市场的风险稍有上升。

2）流动性理论

交叉上市不仅对公司的流动性产生影响，也对整个市场流动性也产生了影响。Chowdhry和Nanda(1991)建立了一个多市场交易模型，在理论上阐述了交叉上市对国内外市场流动性的影响。他们认为公司交叉上市不仅仅会提高公司股票本身的流动性，也会促进国内外市场流动性的提高。Noronha等人(1996)检验了126只在伦敦和东京股票交易所交叉上市的美国公司的股票，发现这些交叉上市公司股票在美国本土市场上买卖指令深度大幅提高，国内市场的流动性也得到明显增强。Foerster和Karolyi(1998)则从市场之间竞争的角度考察了市场流动性的变化。他们认为公司交叉上市使两个市场之间会因为该公司交易量的争夺而产生竞争，这种竞争会促使国内市场股票的买卖价差缩小，投资者交易成本减低，交易量增加，从而使得国内市场的流动性得以提高。Korczak和Bonhl(2005)的研究也发现，交叉上市显著提高了本土市场的流动性，说明交叉上市有助于吸引新的投资者并鼓励他们同时在境外和本土市场交易。

然而也有不同的观点。Hargis和Ramanlal(1998)指出，公司交叉上市只是暂时改善了本国市场的质量，并没有产生长期的影响。Moel(2001)考察了新兴市场国家的公司在美国发行 ADR 的情况,发现这种交叉上市对新兴市场的开放度和国际化程度有帮助,但对新兴市场的流动性会造成负面的影响。

2.3.3 国内研究文献综述

程均丽,孙会兵(2008)运用非参数检验、事件研究法和回归分析方法,从收益率的角度考察了中国公司交叉上市对市场的影响,研究结果显示,中国 H 股公司回归 A 股市场交叉上市对上证指数收益率有负的影响。廖士光,杨朝军(2006)从流动性角度研究了交叉上市股票价格差异的现象。杨娉、徐信忠和杨云红(2007)认为中国 A+H 股公司股票价格在两个市场的差异,其原因是多方面的,两地市场之间的信息不对称、流动性、市场需求和投资者投资偏好等方面的差异都是造成股票价格差异的原因。

国内学者也关注交叉上市价格发现问题的研究。有关中国公司交叉上市的价格发现研究虽然不多,但近年来研究相对活跃,学者从不同的角度,采用不同的样本和不同的研究方法进行了研究。但国内学者所得出的结论与国外的研究文献不大一致,国外的研究结论基本上支持了母国市场拥有定价权的结论,而国内学者得出的结论各异。王群勇、张晓峒(2005)以中国公司发行的 H 股和 ADR 为研究样本,利用永久短暂模型考察了美国市场和 H 股市场的价格发现问题,研究的结果显示美国市场对这些公司股票的价格发现拥有相对优势,贡献率达到 71.28%,该研究结论支持了全球中心假说。姚宁(2007)以 A+H 股公司为研究样本,得出的结论是 A 股市场和 H 股市场在价格发现过程中都具有一定的贡献。董秀良、吴仁水(2008)则通过编制 A+H 股公司各自的综合指数代表两个市场的价格水平,研究结果显示,总体上,H 股市场在信息传递效率和价格发现上比 A 股市场强。王录琦(2009)则比较了股权分置改革前后 A 股市场和 H 股市场的价格发现能力,结论显示,股改前 A 股市场在价格发现中占有优势,股改后 H 股市场在股票价格发现上占有优势。陈学胜,周爱民(2009;a,b)同样以 A+H 股上市公司为研究对象,分别以传统的经典模型和改进的非线性协整理论基础上信息份额模型进行了研究。他们的研究认为,就价格发现能力看,A 股和

H 股市场都发挥了重要作用，但是 A 股市场的贡献要高于 H 股市场。李宝仁，刘寅(2010)使用 A 股和 H 股的相关指数作为样本数据，通过 IS 测度方法进行实证分析，结果显示价格发现的贡献主要来自内地股票市场，其平均贡献比例超过 80%。从以上的研究文献可以看出，中国交叉上市的价格发现研究的结果并不一致。

2.4　本章小结

本章对交叉上市的相关研究文献进行了梳理，了解了有关交叉上市的国内外研究背景和发展动态，也为本书后续的研究提供必要的理论基础和经验证据。

根据研究的需要，本章把有关交叉上市的理论从公司、投资者和市场互动 3 个角度进行归纳整理，并有所取舍。从公司的角度，主要针对交叉上市对公司本身的公司治理和经营绩效影响的文献进行了梳理，同时也简要回顾了其他的相关文献。从文献的梳理中可以发现，基于信息披露和司法约束要求，交叉上市可以改善公司治理水平，提高了信息披露程度，同时提高了投资者保护水平。然而从公司交叉上市后的长期表现看，普遍的研究都发现公司在交叉上市后相当长的一段时期内，公司的业绩下降，投资者并没有得到预期的回报。交叉上市市场反应的研究相对成熟，许多学者以不同国家、不同时期、不同容量的样本进行了研究，主要考察国内同行业公司的市场反应，研究的结论并不一致。由于同一资产在两个或多个市场不同的价格表现，吸引了很多学者对价格差异和价格发现的研究。从价格发现的研究就可以看出，国外的研究结论都肯定了母国市场的价格发现能力。

此外，国外有关交叉上市的研究主要是针对美国市场的，无论是对公司的影响、对投资者的影响，都是以美国市场为中心进行的。一个主要的原因是美国市场是当今世界上最发达市场，在世界证券市场中起着领头羊的作用，在美国市场上进行交叉上市的外国公司是最多的，对美国市场的重视也是理所当然的。

应该看到的是，中国公司交叉上市行为有着与外国不同的市场背景，交叉上市模式也与其他国家的公司截然不同。因此国外的相关理论不一定适合解释中国公司交叉上市所产生的问题。中国公司交叉上市相关问题的研究需要密切结合中国特色的市场背景和中国公司交叉上市的特点而展开。国内有关交叉上市研究还不多,也不够深入,交叉上市对中国资本市场发展有着特殊的作用,应该重视和加强对中国交叉上市行为的相关研究。

第3章 中国公司交叉上市的概况

从1990年中国证券交易所成立至今，有20多年历史，相比其他成熟的市场，显得短暂。但在这短短的20多年的时间里，中国资本市场跨越式发展，已经成为世界举足轻重的新兴市场。中国资本市场的发展离不开中国的交叉上市公司。这些公司从海外市场回归国内A股市场上市拉开了中国公司交叉上市的序幕，同时也有力地促进了中国资本市场的发展。1993年7月青岛啤酒有限公司在香港证券交易所挂牌上市，1个月后公司返回上海证券交易所上市，成为中国第一家交叉上市公司。此后，更多的中国公司在两个或多个市场进行交叉上市。中国公司交叉上市有着深刻的制度背景和政策背景，交叉上市地点与交叉上市模式与国外公司都有很大的不同。中国交叉上市公司的规模庞大，交叉上市公司数量的增加使其对投资者、资本市场的影响越来越大，交叉上市也受到了学者和政府相关管理部门的重视。

本章介绍中国公司交叉上市的概况。首先简要介绍了中国资本市场的发展概况，在此基础上总结了中国公司交叉上市的历程及其相关的法律政策背景，接着对中国公司交叉上市模式进行了分析和评价，最后对中国交叉上市公司的特征进行了描述和分析。

3.1 中国资本市场发展的历程与概况

3.1.1 中国资本市场发展历程简要回顾

中国公司交叉上市现象伴随着中国资本市场的发展而发生。了解中国资本市场的发展有助于理解中国公司交叉上市的特色和背景，也有助于客观评价中国公司的交叉上市行为。

中国改革开放政策，打破了原有计划经济体制的束缚，实现了经济发展模式向市场体制的转型，也推动了资本市场在中国的产生和发展。中国资本市场发展之路经历坎坷，从无到有，由弱变强，逐步成长为一个与国际普遍公认原则基本相符的资本市场。中国资本市场的发展反过来又促进中国经济体制的变革，在推动中国经济体制和社会资源配置方式的变革等方面起到了重要的作用。回顾中国资本市场的发展历程，大致可以划分为 3 个阶段。

1）资本市场的萌芽（1978—1992 年）

中国改革开放政策实施后，国家的中心任务是发展经济。这种至上而下的改革首先从当时的国有企业开始，企业对资金的旺盛需求推动了中国资本市场的萌芽。20 世纪 80 年代初，城市一些小型国有和集体企业开始进行了多种多样的股份制尝试，最初的股票开始出现。1981 年 7 月我国重新开始发行国债。1982 年和 1984 年，最初的企业债和金融债开始出现。随着中国证券发行量增加和投资者队伍不断扩大，股票和债券的柜台交易开始出现，次级交易市场开始初步形成，证券经营机构的雏形也开始显现。为适应证券转让在全国范围内的推广需要，专业的证券公司相继成立。1987 年深圳特区证券公司成立，1988 年，全国组建了 33 家证券公司，1990 上海证券交易所、深圳证券交易先后成立并营业。1990 中国期货交易也开始试运行。1990 年 10 月，郑州粮食批发市场开业并引入期货交易机制，成为中国期货交易的开端。1992 年 10 月，深圳有色金属交易所推出了中国第一个标准化期货合约——特级铝期货标准合同，实现了由远期合同向期货交易的过渡。1993 年，股票发行试点正式在全国展开，中国资本市场进入了一个新的发展阶段。

总体上看，中国国有企业改制所引发的企业对资金的需求促成了中国资本市场的萌芽。在这个萌芽阶段，中国资本市场的发展特点是由点到面，逐渐展开。资本市场处于一种探索、演进和缺乏规范、监管的状态。

2）资本市场的形成和初步发展（1993—1998 年）

1992 年 10 月，国务院证券委员会（1998 年与证监会合并）和中国证监会成立,使中国资本市场有了统一的监管体系。在这个阶段,中国资本市场发展所需要的法律框架也初步形成。中国证监会与政府有关部门出台了一系列证券期货市场法规、规章和政策,包括《股票发行与交易管理暂行条例》、《公开发行股票公司信息披露实施细则》、《禁止证券欺诈行为暂行办法》、《关于严禁操纵证券市场行为的通知》、《证券投资基金管理暂行办法》等,使中国资本市场的发展有法可依。尽管这些法律法规还比较粗糙,但是这些文件为以后相关制度的进一步完善奠定了基础。在这个阶段,中国证券市场的上市公司数量、市值、筹资额、投资者、交易量等都进入一个较快发展的阶段。股票、国债、权证、企业债、可转债、封闭式基金等交易品种也不断丰富。在这个阶段,一些大型的国有公司在政府的推动下开始在香港、纽约、伦敦和新加坡等境外市场上市并逐步回归国内A股市场上市,中国公司交叉上市现象也是在这个阶段出现。

总体上,在这个阶段,全国统一的资本市场已经形成,市场也有了统一的监管体系,资本市场发展所必需的法律框架也初具雏形。在这个阶段,中国资本市场得到了较为快速的发展,同时,资本市场的各种矛盾,特别是制度设计的缺陷所引发的矛盾在不断积累,迫切需要进一步规范发展。

3) 资本市场的进一步规范和发展(1999年至今)

《公司法》和《证券法》的实施和修订进一步推动了中国资本市场的发展。特别是1999年《证券法》(2005年修订)的实施使中国资本市场的发展有了自己的基础性法规,以《证券法》为基础的资本市场法规体系在这一阶段不断完善。民营企业在这一时期不断发展壮大,这些公司在资本市场融资活动进一步促进了中国资本市场的发展。2001年中国加入WTO,资本市场的深度和广度进一步扩大。但是,前期积累的矛盾在这一时期开始爆发。这一时期出现的一些违法违规行为,如"广信"、"银广夏"、"德隆"等事件,使中国资本市场的发展进程一度受挫。这些事件也影响到境外中国公司回归A股市场交叉上市的步伐,2000年没有一家H股公司回归A股市场上市。从2001年开始,中国证券市场进入了持续4年的调整阶段。

2004年国务院颁布了《关于推进资本市场改革开放和稳定发展的若干

意见》，中国资本市场开始了一系列改革，改革措施的实施进一步推动中国资本市场的发展。根据《若干意见》，中国证券市场开始实施股权分置改革、大力发展机构投资者、改革发行制度等。这些改革措施解开了资本市场发展的束缚，QFII 与 QDII 制度的建立注入了资本市场发展的新动力，投资者信心得到恢复，资本市场出现转折性变化。2007 年中国股票市场出现了前所未有的牛市行情就是其中的证明。得益于这些改革措施的实施，中国资本市场迅猛发展。这一时期，一些大型国有公司境外上市活动继续推进，中国公司交叉上市的步伐也明显加快，并开始尝试与以往不同的交叉上市模式。

2008 年金融危机对全球经济造成重大影响，对中国经济也产生了负面影响，中国资本市场承受着较大的压力，面临着新的考验和挑战。金融危机的冲击也使中国政府相关部门深化了对资本市场发展规律的认识，推动了市场改革和监管工作的深入开展。随着经济的复苏，中国资本市场继续加强市场基础性制度的建设，深化市场改革，实现新的发展。

2009 年 10 月 30 日，首批 28 家创业板公司集中在深交所挂牌上市，标志着创业板的成立。创业板的推出，使中国资本市场更加完善，同时也使中国更具备了作为一个成熟金融体系重要标准之一的“资本市场多层次化”。拥有强大生命力的中国中小企业像是一群嗷嗷待哺的孩子一样，亟待为日后的蓬勃发展注入新鲜血液。创业板的推出，无疑将为这些科技成长型企业未来的发展提供及时而迅速的资金支持。

2010 年沪深 300 股票指数期货合约正式上市，融资融券试点也正式启动。中国资本市场从此有了做空机制，机构投资开始进入“对冲基金”时代。国际经验证明，一个完整意义上的股票市场，应该包括一级市场、二级市场和风险管理市场。因此，股指期货的上市被称为中国资本市场的“成人礼”，它弥补了我国股市长期以来缺乏做空机制的缺陷，为机构投资者提供了避险工具，并将在多个层面成为影响市场的重要因子。

总之，中国资本市场从无到有，从小到大，从区域到全国，得到了迅速的发展，在很多方面走过了一些成熟市场几十年甚至是上百年的道路。尽管经历了各种坎坷，但是，中国资本市场的规模不断壮大，制度不断完善，证券期货经营机构和投资者不断成熟，逐步成长为一个在法律制度、交易规则、监管体系等各方面与国际普遍公认原则基本相符的资本市场。

3.1.2　中国资本市场的发展概况

中国资本市场规模不断壮大。截至2013年底，共有2 577家股票(综合AB股和创业板)，市场总市值达2.41万亿元，其中市场流通市值达2万亿元，市场流通市值占GDP的比例达41%，如图3-1、图3-2和图3-3所示。2013年股票总发行股本(A、B、H股)达40 569.08亿股，其中流通股本达36 744.16亿股，股票有效账户数达13 247.15万户①，证券投资基金数达1 552家，交易所上市证券投资基金成交金额达1 024.87亿元。中国市场规模居世界第二位，和我国经济在全球地位相匹配。

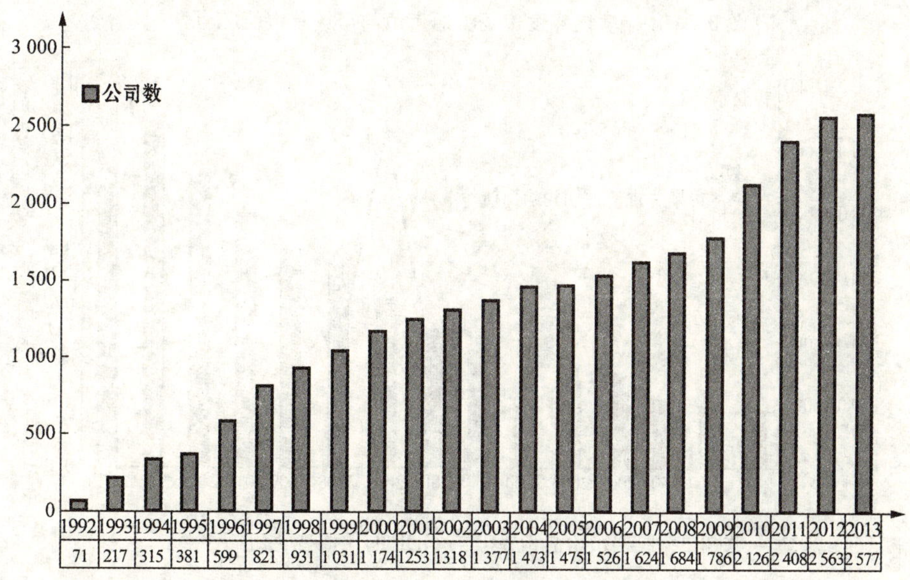

1992	1993	1994	1995	1996	1997	1998	1999	2000	2001	2002	2003	2004	2005	2006	2007	2008	2009	2010	2011	2012	2013
71	217	315	381	599	821	931	1 031	1 174	1253	1318	1 377	1 473	1 475	1 526	1 624	1 684	1 786	2 126	2 408	2 563	2 577

图3-1　中国境内上市公司家数年度变化(家)②

注：数据来源于CSMAR数据库，下同。

① 数据来源于中国证监会网站，http://www.csrc.gov.cn/pub/newsite/。

② 综合AB股和创业板，下同。

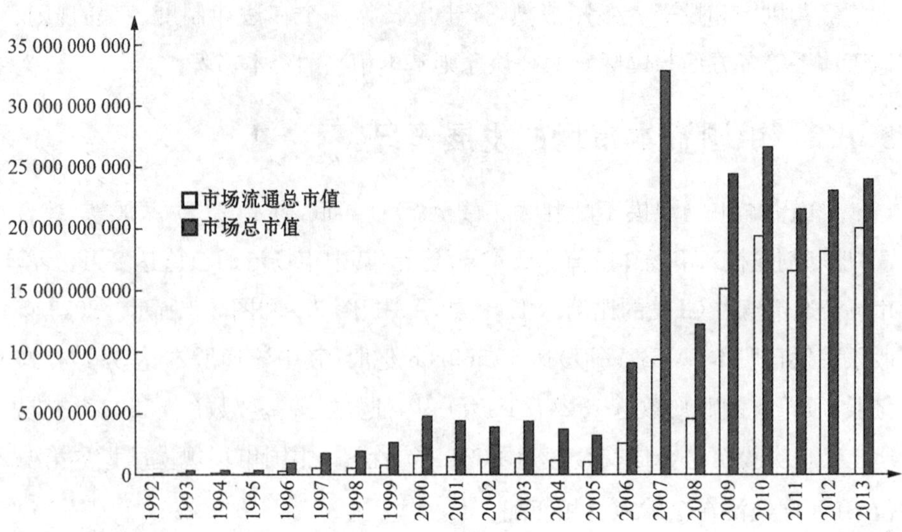

图 3-2 中国境内年度市场流通市值与市场总市值(千元)

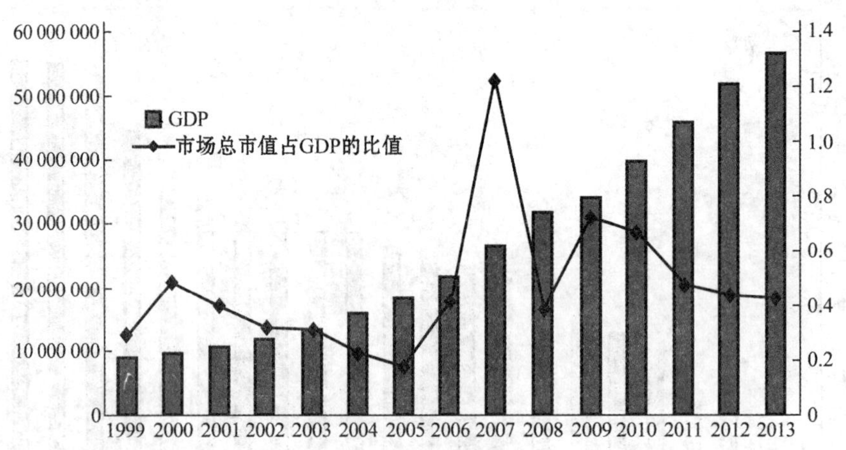

图 3-3 股票市价总值及其与 GDP 的比值变化(百万元)

中国多层次资本市场已初步形成。目前中国资本市场主要分为以下几个层次:主板市场、中小板和创业板市场、新三板市场和地方股权交易市场。主板市场服务于行业龙头、大型和骨干型企业;中小板和创业板服务于成长期中后期具有自主创新能力的企业;而以全国中小企业股份转让系统(简称新三板市场)和地方股权交易中心(简称四板市场)为主体的场外市场主要服务于成长初期的小微企业。场外市场在制度建设、发展规模、成长速度等方面与交易所市场相比较为滞后。

资本市场的资源配置功能逐渐显现。资本市场服务的功能是让实体经济的资源得到有效配置,使企业在市场经济中优胜劣汰,实现资本效率最大化。中国资本市场的法律制度和监管体系不断完善,多层次资本市场的逐步建立,在资源配置发挥着越来越重要的作用。股市、债市、期货及衍生品市场的发展,吸引更多的社会储蓄转化为长期投资,使资本市场为实体经济服务的功能也越来越强。

资本市场的国际影响力不断增强。中国资本市场的快速成长得益于中国经济的快速发展,也得益于中国资本市场的市场化改革。中国资本市场国际影响力不断提高,QFII 通过投资行为和自身的影响力,持续不断放大中国资本市场的影响力,“中国因素”已经成为世界资本市场不可忽视的一个主要参数。

当然中国资本市场属于新兴的市场,总体上资本市场容量仍较小,中国债券市场存量占 GDP 比例在 50%以下,中国 A 股市值占 GDP 的百分比也在 50%以下,未来还有广阔的发展空间。中国上市公司规模分布、行业结构分布不够合理,市场的估值、投资者结构也存在一定问题,中国的经济体制结构调整和证券市场结构调整没有同步。中国资本市场在法律与监管环境、投资者结构、公司结构和公司治理等方面还需要深刻改革。

3.1.3　资本市场与中国经济社会发展

中国资本市场的发展得益于中国经济体制的转变,反过来,资本市场不断发展壮大也推动了中国经济深化改革和发展。中国资本市场的发展也促进了一系列的企业制度变革,对中国经济和社会的影响日益增强。

中国资本市场的发展推动了中国企业发展壮大。中国资本市场的融资功能和资源配置功能为企业的发展提供了有力的资金保障。上市公司日益成为中国经济体系重要组成部分。资本市场还为中国企业吸引国际资本提供了通道,使中国经济更好地融入国际经济体系。

中国资本市场不断发展壮大也影响了社会生活的方方面面。中国资本市场的发展使中国居民投资理财观念发生了变化,如今,中国居民不仅可以储蓄,还可以投资股票、国债、企业债、可转换公司债、证券投资基金、权证、期货等多种资本产品,丰富了居民理财的方式。广大居民通过资本市场的投资或也可以分享到中国经济成长的成果。

资本市场还为保险公司、社保基金等机构提供了资产保值增值的渠道,间接为社会保障体系的完善提供了有力支持,为社会安定稳定和人民安居乐业做出了贡献。资本市场在中国的发展催生了大量的其他证券期货经营机构,如证券公司、基金公司、期货公司等,也推动了相关新职业的兴起,为中国金融业培养了大量的专业人才。中国资本市场在其发展过程中建立了相对完备的法规体系,还推动了其他相关法规的完善以及中国会计准则完善和标准化,缩小了与国际标准之间的差距。

3.2 中国公司交叉上市的历程

中国公司交叉上市的历程伴随着中国资本市场的发展而展开,中国资本市场的发展进程影响着中国公司交叉上市的速度和规模。在上一节对中国资本市场发展概况的回顾中可以看到,中国资本市场在较短的时间里取得了令人瞩目的成就,尽管在这期间经历了坎坷和曲折,这也是新生事物发展过程中所难免的。同样,中国公司境外上市以及交叉上市的历程在不到20年的时间里已经有了相当大的规模,但其中也经历了波折。本节对中国公司交叉上市的历程进行回顾,并对其背后的政策背景进行了分析。

截至2013年底,共有83家公司在同时在中国内地A股市场和香港的H股市场交叉上市,并有多家公司在中国境内、香港、新加坡、美国和英国等证券市场进行三重或四重交叉上市。这些中国交叉上市公司大多数是国有或国有控股公司,这些公司在交叉上市过程中政府发挥了重要作用。中国政府有关交叉上市的政策经历了鼓励、限制、鼓励的变化过程,中国公司交叉上市的进程也大致经历了发展、放缓、加速的阶段。

3.2.1 发展阶段:1993—1997年

这一时期,中国资本市场本身正处在初步形成阶段。当时的国家政策也鼓励、支持一些大型国有公司到境外市场上市试点，并着手推动这些公司回到国内A股市场上市。由于当时国内市场与境外市场在法律、会计、市场监管和上市程序等方面存在较大的差异，为了使这些公司顺利在境外市场上市，中国证券监督管理委员会与境外证券管理机构进行了磋商并签署了相关的文件。1993年6月，中国证监会和香港证监会签订了《中港证券监管合作备忘录》，就有关两地市场的法律、信息交流、协助调查、技术支援等内容作出了一些原则性的规定。1994年4月中国证监会与美国证券与交易委员会签署《中美证券合作、磋商及技术援助的谅解备忘录》，就中美两国证券市场合作的法律实施、技术援助等内容作了规定，为中国公司在美国市场发行ADR做了前期的铺垫工作。1996年10月中国证监会与英国有关方面签署了《证券期货监管合作谅解备忘录》，为中国公司登陆英国市场做了准备。政府的推动和这些协议的签署为中国公司境外上市扫除了政策和技术障碍。1995年中国证监会正式成为国际证券管理委员会组织(IOSCO)成员，标志着中国证券市场正式被国际资本市场承认，中国证券市场进一步与国际资本市场接轨，也为中国公司交叉上市创造外部条件。在这些协议和中国政府的推动下，早期在境外市场上市的中国公司大多都已返回国内市场进行交叉上市。

在这个阶段，中国政府相关部门共确定了三批境外上市公司的名单，这些公司大部分在这一期间返回国内A股市场，成为交叉上市公司。1992年9家中国公司被中国政府相关部门确定在香港证券市场发行H股，这些公司也通过发行全球存托凭证(GDR)和美国存托凭证(ADR)的方式在美国、英国、新加坡等国的市场上市。这9家公司分别是青岛啤酒、上海石化、广船国际、昆明机床、马钢股份、北人股份、仪征化纤，创业环保和东方电机，都属于钢铁、机械、石化一类的大型生产型企业。至1994年6月，这9家公司全部成功在香港H股上市。与此同时，国务院证券委员会也积极推动这些公司返回国内A股市场上市，以促进中国证券市场的发展。青岛啤酒在香港H股上市后一个月之内就返回上海证券交易所上市，成为中国第一家交叉上市公司。1995年10月东方电机也成功返回内地A股市场上市，至此，首批赴港上市的9家公司全部返回内地市场进行交叉上市。

1994 年 7 月，又有 22 家中国公司被确定为赴港上市的预选公司，但最终只有 6 家公司成功发行 H 股，此后有 5 家公司返回内地市场上市，加入到交叉上市公司的行列。在这一时期，国内国有企业正在实施战略性改组，企业的经营绩效表现不佳，同时，在香港市场，中国公司上市后业绩也下滑明显，投资者对中国公司的投资热情不高，这些因素影响了第二批公司交叉上市的进程。

1997 年 1 月，国务院确定了第三批赴港上市的公司名单，其中有 16 家公司成功发行 H 股，一些公司陆续返回国内上市，成为交叉上市公司。这一年中国公司发行 H 股的规模、筹资比例都比较大。这里有外部因素的影响。由于这一年香港回归祖国，使香港市场上的中国概念股受到投资者的热情追捧，因此中国公司发行 H 股相对顺利，筹资额也相对高。

在这一阶段，中国公司交叉上市活动都是在政府主导下进行，公司本身基本没有话语权，政府实行的是分批推荐和预选制，并根据实际情况一年一批。这种政策直到 1999 年才变为“成熟一家，批准一家”。在这一阶段共有 17 家中国公司返回 A 股市场上市，成为交叉上市公司。

3.2.2 放缓阶段:1998—2005 年

如前所述，1997 年上半年，中国公司境外上市和交叉上市取得了一定成绩。然而好景不长，1997 年 10 月，亚洲金融危机爆发，香港市场股指大幅下挫，中国国内经济也受到冲击，此后国内股市起伏不定，基本处于低迷的状态，中国公司交叉上市进程放慢。这一阶段，中国政府对中国公司交叉上市的政策也由原来的鼓励转变为限制，尽管这一期间也有变化，但总体上中国公司交叉上市的步伐放缓。

1997 年 10 月亚洲金融危机爆发对香港资本市场造成了极大的冲击，投资者积极性严重受挫，H 股市场人气极度低迷。这一阶段，中国概念股的业绩表现欠佳，其中不少的中国概念股跌破发行价。特别是，1999 年“广信事件”给中国概念股造成了极大的负面影响，严重打击了投资者对中国概念股的投资热情，至此境外资本市场对中国公司大门紧闭长达 15 个月之久，境外中国公司回归的 A 股的进程也受到了挫折。这一时期，在国内，受宏观经济等因素的影响，中国股市也处于低迷状态，投资需求不足。中国政府相关部门审时度势，及时调整政策。1998 年 3 月，中国证监会发布了《关于股票发行工作若干问题的补充通知》，原则规定发行 H 股的公司不再发行 A 股，发行 A 股的公司也不再发行 H 股。这个文件使得当时中国公司交叉上市活动几乎停滞，1998—2000 年共 3 年的时间里只有两家中国公司返回内地 A 股市场上市。

由于中国概念股在境外市场融资活动严重受阻，企业生产经营困难，为了企业发展的需要，中国政府的态度开始有所转变。2000 年 4 月中国证监会颁布了《上市公司向社会公开募集资金股份暂行办法》，鼓励 H 股公司在中国国内增发 A 股，表明前期的限制政策开始松动。2001 年 11 月，《关于上市公司涉及外商投资有关问题的若干意见》的发布体现了政策的转变，中国公司交叉上市活动又有所升温。这两个政策出台背后的原因是当时的 H 股市场处于低迷状态，严重影响到中国 H 股公司的再融资能力。这一时期，在国内 A 市场上出现一波牛市行情，网络科技股的崛起带动了国内股市大幅攀升。国内 A 股市场的这一波“519 行情”，也是这两个政策出台的原因。受此政策的鼓舞，2001 年至 2002 年共有 8 家公司从香港的 H 股市场返回内地 A 股市场上市，交叉上市公司继续增加。值得一提的是，2001 年中国石化在 A 股发行 28 亿股，是中国募集资金首次超过百亿元的交叉上市公司。

2003 年中国政府相关部门对交叉上市的政策再次发生变化，使中国境外上市公司回归的速度再度放缓。出现这一转变的原因主要有两个：一是，中国交叉上市公司在国内的业绩普遍下滑，打击了国内投资者的投资热情，从公司的财务报表可以看出这些交叉上市公司盈利能力大都低于 A 股市场上同类公司的平均水平，市场上对这些公司“圈钱”的质疑不断；二是，中国交叉上市公司的筹资额都相当大，当时国内市场容量有限，过多中国境外公司返回 A 股上市造成了股市扩容压力。2001 年 6 月国务院发布《减持国有股筹资社会保障资金管理暂行办法》，投资者对国有股减持乃至全流通的担心，加上网络股神话的破灭，导致国内市场股指急转而下，在此后几年的时间里市场都处在低迷状态。2005 年上证指数跌至谷底 998 点，从 2 245 高点算起，指数共下跌了 55%。受此影响，2003—2005 年只有 3 家 H 股公司返回A股市场进行交叉上市。

3.2.3 加速阶段:2006年至今

从2006年开始,国内经济持续快速健康发展。证券市场上,随着股权分置改革积极稳妥推进,股票指数开始节节攀升,A股市场开始全面复苏,进入了一轮前所未有的大牛市。股票市场活跃,投资需求旺盛使市场融资功能得到快速恢复。中国政府也支持境外上市公司返回内地市场上市,让国内投资者分享经济成长的成果。在这阶段,尽管受到了2008年全球金融危机的影响,但总体上,中国公司交叉上市处于加速阶段,交叉上市模式也发生了极大的转变。

随着中国证券市场上前所未有的牛市行情的到来,中国公司交叉上市的步伐开始加快。中国政府在交叉上市政策上又有了大转变,积极鼓励公司进行交叉上市。2007年上半年,央行发布的《2006年中国金融市场发展报告》中,把吸引优质红筹股回归明确列入2007年工作重点。在2006—2007年两年内,有16家H股公司返回国内市场发行A股。这一期间交叉上市公司的融资额度也屡创新高。工商银行于2006年通过A+H同步IPO创下当时全球资本市场IPO规模之最,融资高达219亿美元;仅在A股的融资额就达405亿元,创A股市场有史以来融资规模之最。2007年9月建设银行返回A股上市,在国内市场上的筹资额高达580.5亿元;一周以后,这个纪录又被交叉上市公司中国神华665.82亿元的融资规模所取代;2007年11月回归A股的中国石油再次以668亿元刷新A股融资规模纪录。

2008年,"百年一遇"的全球金融危机对世界经济造成重大影响,中国外部经济需求收缩,资本市场也承受着较大的压力。这段时期,中国政府出于国内外各方面因素的考虑,相对放缓了中国公司境外上市的进程,中国公司交叉上市的步伐也相对放缓。中国证监会等管理部门在参与国际金融合作,共同应对危机挑战的同时,努力保持国内资本市场的稳定,继续推进中国证券市场的改革。在中国证监会的积极协调下,财政部和国家税务总局出台了一系列的减税措施,以维护资本市场的稳定,2008年4月28日期,将证券交易印花税调低至千分之一。2008年也有6家中国公司交叉上市,它们分别是中煤能源、中国铁建、中国南车、晨鸣纸业、紫金矿业、上海电气公司。从 2009 年开始，中国证监会则不断加强中国市场自身的基础性建设，继续推进证券分析制度改革，完善发行制度，中国公司交叉上市有所趋缓，2009—2010 年底有 9 家公司进行交叉上市。但这一阶段，一个明显的特征是，中国公司交叉上市模式发生了变化，开始以不同的模式进行交叉上市。

在近几年，中国证监会不断推进中国证券市场深化改革，在新股发行制度上进行完善，出台了一系列措施。2008 年，中国证监会修订并发布了《证券发行上市保荐业务管理办法》；2009 年 6 月中国证监会发布了《关于进一步改革和完善新股发行体制的指导意见》；2010 年 10 月中国证监会发布了《关于修改〈证券发行与承销管理办法〉的决定》；2012 年 5 月证监会发布《关于进一步提高首次公开发行股票公司财务信息披露质量有关问题的意见》；2012 年 12 月证监会发布了《关于股份有限公司境外发行股票和上市申报文件及审核程序的监管指引》；2013 年 11 月证监会发布《关于进一步推进新股发行体制改革的意见》等，这些措施进一步规范和促进中国公司交叉上市的变化。在这一阶段，除了早期中国境外上市公司回归 A 股市场上市之外，交叉上市模式发生了极大的变化，出现了“同步上市”和“先内后外”的不同交叉上市模式。2004 年中兴通讯以“先 A 后 H”与以往不同的交叉上市模式进行了尝试，但之后并没有成为常态。2006 年工商银行以“A＋H 同步”模式进行交叉上市，开启了中国公司交叉上市模式的变革，此后中国公司交叉上市模式发生了根本性的转变，陆续出现了许多中国公司以不同的模式进行交叉上市，工商银行同步上市的经验为后续的许多其他公司借鉴。

表 3-1　交叉上市的相关法律和政策

阶　段	政策态度	相关法律和政策规定	交叉上市公司
发展阶段：1993—1997 年	鼓励	1993 年 6 月与香港签订的《中港证券监管合作备忘录》；1994 年 4 月与美国签署的《监管合作备忘录》；1995 年 7 月，中国证监会被国际证券管理委员会组织（IOSCO）吸收为正式成员	青岛啤酒，广船国际，上海石化，昆明机床，马钢股份，北人股份，仪征化纤，创业环保，东方电机，洛阳玻璃，东北电气，吉林化工，南京熊猫，经纬纺机，新华制药，东方航空，鞍钢股份

（续表）

阶　段	政策态度	相关法律和政策规定	交叉上市公司
放缓阶段：1998—2005年	限制 1998—2000年	1998年3月，中国证监会发布《关于股票发行工作若干问题的补充通知（证监[1998]8号）》，规定“一企一股”政策	兖州煤业，科龙电器
	鼓励 2001—2002年	2000年4月中国证监会颁布了《上市公司向社会公开募集资金股份暂行办法》，鼓励绩优H股公司在内地增发A股；2001年11月，外经贸部与中国证监会联合发布了《关于上市公司涉及外商投资有关问题的若干意见》，对外商投资股份有限公司在境内融资提出了原则性的条件	宁沪高速，广州药业，中石化，华能电力，深高速，江西铜业，海螺水泥，中海发展
	观望 2003—2005年		皖通高速，南方航空，华电国际、中兴通讯*
加速阶段：2006年至今	鼓励 2006—2007年	2007年5月，央行发布的《2006年中国金融市场发展报告》中，把吸引优质红筹股回归明确列入2007年工作重点	中国银行，中国国航，北辰实业，大唐发电，广深铁路，中国人寿，重庆钢铁，中国平安，交通银行，潍柴动力，中国铝业，中国远洋，建设银行，中海油服，中国神华，中国石油，中海集运，工商银行，中信银行，招商银行，中国中铁
	平稳 2008年至今	2008年，证监会修订并发布了《证券发行上市保荐业务管理办法》；2009年6月，证监会发布了《关于进一步改革和完善新股发行体制的指导意见》；2010年10月，证监会发布《关于深化新股发行体制改革的指导意见》；2012年5月，证监会发布《关于进一步提高首次公开发行股票公司财务信息披露质量有关问题的意见》；2012年12月，证监会发布了《关于股份有限公司境外发行股票和上市申报文件及审核程序的监管指引》；2013年11月证监会发布《关于进一步推进新股发行体制改革的意见》等，这些措施进一步规范和促进中国公司交叉上市的变化	中煤能源，紫金矿业，上海电气，晨鸣纸业，中国铁建，中国南车，四川成渝，民生银行，中国太保，中国中冶，农业银行，金风科技，山东墨龙，大连港，中联重科，金隅股份，比亚迪，长城汽车，新华保险，中国交建，广汽集团，东江环保，一拖股份，洛阳钼业，浙江世宝，海通证券，中集集团，上海医药，复星医药，中联重科，光大银行，中信证券，郑煤机

注：资料来源于潘越（2007）第68页表，并进行增补完善。其中吉林化工于2005年退市。

目前,“先外后内”交叉上市模式在全部的交叉上市公司中仍然占有很大的比重,这是历史原因造成的。在中国资本市场发展的早期阶段,大型国有公司出于融资的需要,先实施走出去的战略,同时为了促进中国资本市场的发展,也出于国内资本市场出现过剩资金追逐有限投资品种从而形成泡沫的担心,很自然地希望有更多优质公司在 A 股市场上市发行、吸纳资金。这种交叉上市模式的许多弊端暴露无疑,但无法避免。随着中国经济持续稳定增长,中国资本市场有了长足的发展,2006 年起,之前采取的一系列改革措施使中国证券市场活力倍增,证券管理部门也开始了其他交叉上市模式的尝试,并深入改革股票发行制度。下一节将具体对中国公司交叉上市模式进行深入地分析。

3.3　中国公司交叉上市模式分析

总体而言,国外公司交叉上市一般通过“先内后外”模式进行,即先在母(本)国证券市场上市,然后再到其他国家的市场上市。中国公司交叉上市模式则呈现出多样化的特点,这与中国特色的经济发展背景有关。到目前为止,中国交叉上市公司多数采用“先外后内”的交叉上市模式。随着中国证券市场的不断发展和完善,也逐渐出现了“同步上市”和“先内后外”模式。香港是国际金融中心之一,法制制度完善,市场监管严格,在吸引国际资本优势明显,加上与中国内地的特殊关系和地理优势,成为中国公司境外上市的首选地。在香港上市的中国公司有 H 股和红筹股之分,红筹股是在境外注册,在法律上讲属于香港公司或者境外公司,回归 A 股还有许多障碍。这样,中国公司交叉上市主要在 A 股市场和 H 股市场上进行。因此,中国公司的交叉上市模式具体可以分为“先 H 后 A”、“A＋H 同步”和“先 A 后 H”3 种。

公司进行交叉上市最主要的目的是融资,也出于推进国际化战略的考虑。早期中国公司进行交叉上市也是国内资本市场缺陷下的现实选择。鉴于中国资本市场属于新兴市场和交叉上市公司的特殊性,采用何种交叉上市模式要综合考虑各方面的情况,如国内外的市场环境、资本市场的容量、投资者投资热情等。

3.3.1 “先H后A”模式

1）概况

“先H后A”模式是中国公司交叉上市最早、也是最主要的模式。在已有的83家交叉上市公司中，共有83家（吉林化工已退市）公司采用“先H后A”模式，占到全部交叉上市公司总数的74.69%。结合中国资本市场的发展进程，回顾H股公司回归A股市场的历程，从表3-2中可以看出，83家“先H后A”模式的交叉上市公司在香港内地市场的上市时间间隔差别很大，青岛啤酒和中国银行在两个市场上市的时间相差不到一个月；2010年才回归A股的四川成渝在两地市场上市的时间间隔则超过了10年；一拖股份1997年在H股市场上市，直到2012年才回归A股，时隔15年。表3-2还可以看出，中国政府最初批准的两批中国境外上市公司都较快返回内地市场上市，两地上市时间间隔不长。在1997年完成两地上市的公司时间间隔也较短，主要受到了当时外部环境的影响。而1997年以后中国的境外公司返回内地市场上市的时间都比较迟，因为当时国内的证券市场低迷。直到2006年、2007年，中国证券市场繁荣时期，有大批的中国公司加入到交叉上市的行列，一些很早就有回归意愿的公司也在这轮牛市行情中返回A股市场。此后陆续有多家公司回归A股上市，这些公司都是较早在香港H股先行上市的。

2）利弊分析

“先H后A”模式是中国证券市场发展早期阶段基于现实的一种无奈选择，并非市场选择结果，造成许多不利的后果。Sun，Tong和Wu(2005)考察了中国公司交叉上市的模式，提出“市场顺序”(Market Order)假说，认为中国早期的资本市场容量有限，无法承担企业大规模融资需求，境外上市是政府为了解决国有公司财务困境所采取的办法。“先H后A”模式一个主要的问题是A股发行价普遍高于H股发行价，A股定价权受制于H股，也使中国国内投资者利益受到损害。根据相关规定，A股发行价不能低于发行时

H股前20个交易日均价的90%或H股上个交易日收盘价的上限。不考虑汇率变动的影响，中国交叉上市公司A股平均发行价格是H股20个交易日均价的1.204倍，即使以发行规模为权数计算后的结果仍然为1.07倍(吴秀波，2008)。在H股公司回归A股的过程中，H股公司价格普遍上扬，使A股发行价过高，A股定价受制于H股。与此同时，A股过高的发行价造成国内投资者所享有的净资产权益向H股股东转移，国内投资者利益受到损害。与A股发行价居高不下的情况相反，这些公司在H股市场上市时的价值却被大大低估，造成国有资产贱卖的问题。中国石油就是典型的例子，2000年H股发行时，股票发行价仅1.27港元，严重低估了中国的优质资产；2007年中国石油回归A股上市时的发行价却高达16.70元。

"先H后A"模式也对国内股市扩容造成压力。由于早期的交叉上市公司都是一些大型国有公司，在2007年大牛市之前A股市场长期处于容量小、证券化率低的状态，A股市场对这些大盘股回归上市反应敏感。例如，2001年中国石化在A股市场发行28亿股，发行价4.22元，募集资金高达118亿元人民币。中国石化发行A股时，市盈率仅为20倍，在当时并不算高，其股价还是一路向下，跌至2002年1月29日最低的2.96元，直到2003年12月才重新回到发行价之上。2007年中国石油回归A股市场时，中国股市恰好也处在市场最高点，由于市场狂热，上市首日最高交易价格达48.60元。但随后，中国石油股价一路向下，带动上证指数也是一路下滑。

"先H后A"模式形成过高的AH股价差也造成了诸多不利的影响。造成这种过高价差的原因是多方面的，如市场分割、两地投资者偏好、人民币汇率等。前期造成过高的AH股价差主要是的原因是A股流通股长期比H股流通股少。股权分置改革前国内的流通股有限，大股东所持有的股份并不上市流通，股权分置改革开始后，在2006—2007两年间，根据"锁一爬二"①

① 《上市公司股权分置改革管理办法》第二十七条规定，改革后公司原非流通股股份的出售，应当遵守下列规定：自改革方案实施之日起，在12个月内不得上市交易或者转让；持有上市公司股份总数5%以上的原非流通股股东，在前项规定期满后，通过证券交易所挂牌交易出售原非流通股股份，出售数量占该公司股份总数的比例在12个月内不得超过5%，在24个月内不得超过10%。

政策,解禁的限售股仍旧有限。2007年的大牛市吸引大量资金涌入股市,造成A股市场供求失衡,股价指数快速上升,导致A股价格明显高于H股。过高的AH价差使得A股价格被高估,投资价值降低,对A股市场的投资者不利。过高的价差也影响到公司的融资能力,在股市低迷的时期体现尤为明显。2008年中国平安在A股再融资1600亿元,对市场造成巨大压力,引起市场指数连续下跌,严重影响到公司的融资能力。

表3-2 "先H后A"交叉上市模式的公司概况

序号	名　称	A股上市时间	A股发行价格(元)	A股发行股数(万股)	H股上市时间	H股发行价格(港元)	H股发行股数(万股)	间隔(月)
1	青岛啤酒	1993-08-27	6.38	20000	1993-07-15	2.80	40685	1
2	广船国际	1993-10-28	5.23	7200	1993-08-06	2.08	15739.8	3
3	上海石化	1993-11-08	3.00	72000	1993-07-26	1.74	233000	4
4	昆明机床	1994-01-03	4.43	6000	1993-12-07	1.98	6500	1
5	马钢股份	1994-01-06	3.45	60000	1993-11-03	3.27	173293	2
6	北人股份	1994-05-06	5.30	12647.9	1993-08-03	2.08	10000	9
7	仪征化纤	1995-04-11	2.68	20000	1994-03-29	2.38	140000	12
8	创业环保	1995-06-30	2.50	11249.5	1994-05-17	1.20	34000	14
9	东方电机	1995-10-10	4.10	6000	1994-06-06	2.83	17000	16
10	洛阳玻璃	1995-10-31	5.03	5000	1994-07-08	3.65	25000	15
11	东北电气	1995-12-13	5.20	14360	1995-07-06	1.80	25795	3
12	吉林化工	1996-10-15	3.50	20000	1995-05-23	1.59	96477.8	17
13	南京熊猫	1996-11-18	5.10	5800	1996-05-02	2.13	24200	6
14	经纬纺机	1996-12-10	4.50	20300	1996-02-02	1.29	18080	8
15	新华制药	1997-08-06	3.45	7615.33	1996-12-31	1.83	15000	8
16	东方航空	1997-11-05	2.45	30000	1997-02-05	1.38	156695	9
17	鞍钢股份	1997-12-25	3.90	75257.6	1997-07-24	1.64	89000	5
18	兖州煤业	1998-07-01	3.37	18000	1998-04-01	2.42	85000	3

（续表）

序号	名　称	A 股上市时间	A 股发行价格(元)	A 股发行股数(万股)	H 股上市时间	H 股发行价格(港元)	H 股发行股数(万股)	间隔(月)
19	科龙电器	1999-07-13	9.98	19 450.1	1996-07-23	3.67	45 958.9	36
20	宁沪高速	2001-01-16	4.20	15 000	1997-06-07	3.11	122 200	42
21	广州药业	2001-02-06	9.80	7 800	1997-10-30	1.65	21 990	39
22	中国石化	2001-08-08	4.22	280 000	2000-10-19	1.59	1 678 048	10
23	华能国际	2001-12-06	7.95	25 000	1998-01-21	4.12	150 000	46
24	深高速	2001-12-25	3.66	16 500	1997-03-12	2.20	74 750	56
25	江西铜业	2002-01-11	2.55	23 000	1997-06-12	2.27	115 648	55
26	海螺水泥	2002-02-07	4.10	20 000	1997-10-21	2.28	36 100	51
27	中海发展	2002-05-23	2.36	35 000	1994-11-11	1.46	129 600	78
28	皖通高速	2003-01-07	2.20	25 000	1996-11-13	1.77	49 301	62
29	南方航空	2003-07-25	4.70	100 000	1997-07-31	2.70	117 417	60
30	华电国际	2005-02-03	2.52	76 500	1999-06-30	1.73	143 102	67
31	中国银行	2006-07-05	3.08	649 350	2006-06-01	2.95	2 940 387	1
32	中国国航	2006-08-18	2.80	163 900	2004-12-15	2.98	322 653	30
33	北辰实业	2006-10-16	2.40	150 000	1997-05-14	2.40	70 700	113
34	大唐发电	2006-12-20	6.68	50 000	1997-03-21	2.52	146 100	117
35	广深铁路	2006-12-22	3.76	274 798	1996-05-14	2.91	141 310	127
36	中国人寿	2007-01-09	18.88	150 000	2003-12-18	3.59	744 117	37
37	重庆钢铁	2007-02-28	2.88	35 000	1997-10-17	1.71	41 394.4	11
38	中国平安	2007-03-01	33.80	115 000	2004-06-24	10.33	255 864	32
39	交通银行	2007-05-15	7.90	319 035	2005-06-23	2.50	585 600	11
40	潍柴动力	2007-04-30	20.47	19 065.3	2004-03-11	10.50	12 650	37
41	中国铝业	2007-04-30	6.60	123 673	2001-12-12	1.37	27 4990	64
42	中国远洋	2007-06-26	8.48	178 386	2005-06-30	4.25	224 400	24
43	建设银行	2007-09-25	6.45	900 000	2005-10-27	2.35	2 648 600	23
44	中海油服	2007-09-28	13.48	50 000	2002-11-20	1.68	139 532	58

（续表）

序号	名　称	A股上市时间	A股发行价格(元)	A股发行股数(万股)	H股上市时间	H股发行价格(港元)	H股发行股数(万股)	间隔(月)
45	中国神华	2007-10-19	36.99	180000	2005-06-15	7.50	306300	28
46	中国石油	2007-11-05	16.70	400000	2000-04-07	1.27	1758241	91
47	中海集运	2007-12-12	6.62	233662	2004-06-16	3.18	242000	42
48	中煤能源	2008-02-01	16.83	152533	2006-12-19	4.05	324600	15
49	紫金矿业	2008-04-25	7.13	140000	2003-12-23	3.30	80108.8	52
50	上海电气	2008-12-05	4.78	61603.8	2005-04-28	1.70	297291	42
51	四川成渝	2009-07-27	3.60	50000	1997-10-07	1.55	89532	141
52	山东墨龙	2010-10-21	18.00	7000	2004-03-30	0.70	13838	79
53	大连港	2010-12-07	3.80	73818	2006-04-18	2.58	84000	56
54	金隅股份	2011-03-01	9.00	41040	2009-07-29	6.38	93333	21
55	比亚迪	2011-06-30	18.00	7900	2002-07-31	10.95	15000	107
56	长城汽车	2011-09-28	13.00	30424	2003-12-15	13.30	13100	93
57	新华保险	2011-12-16	23.25	15854	2011-12-15	28.50	361000	0
58	中国交建	2012-03-09	5.40	134974	2006-12-15	4.60	403000	63
59	广汽集团	2012-03-29	9.09	28696	2010-08-30	9.00	221000	17
60	东江环保	2012-04-26	43.00	2500	2003-01-01	0.10	17790	110
61	一拖股份	2012-08-08	5.40	15000	1997-06-23	4.50	33500	182
62	洛阳钼业	2012-10-09	3.00	20000	2007-04-26	6.80	119000	64
63	浙江世宝	2012-11-02	2.58	6500	2006-05-16	1.50	8671	77

注：吉林化工 2005 年被母公司中国石油私有化，于当年 1 月 23 日正式退市。新华保险在 A 股和 H 股上市的时间仅间隔一天。

表 3-3　“A+H 同步”交叉上市模式的公司概况

序号	名　称	上市时间	A股发行价格(元)	A股发行股数(万股)	H股发行价格(港元)	H股发行股数(万股)
1	工商银行	2006-10-27	3.12	1495000	3.07	3539000
2	中信银行	2007-04-27	5.80	2301932	5.86	4885479

表 3-4　“先 A 后 H”交叉上市模式的公司概况

序号	名　称	A 股上市时间	A 股发行价格（元）	A 股发行股数（万股）	H 股上市时间	H 股发行价格（港元）	H 股发行股数（万股）	间隔（月）
1	海通证券	1994-02-24	5.00	1260	2012-04-27	10.60	12294	218
2	上海医药	1994-03-24	4.50	1500	2011-06-09	23.00	66421	207
3	中集集团	1994-04-28	8.50	1200	2012-12-19	8.82	143048	225
4	中兴通讯	1997-11-18	6.81	6500	2004-12-09	22.00	16015	72
5	复星医药	1998-08-07	7.15	5000	2012-10-29	11.80	33607	158
6	中联重科	2000-10-12	12.74	5000	2010-12-23	14.98	87000	122
7	晨鸣纸业	2000-11-20	20.80	7000	2008-06-18	9.00	35500	90
8	民生银行	2000-12-19	11.80	35000	2009-11-26	9.08	332200	107
9	招商银行	2002-04-09	7.30	150000	2006-09-22	8.55	220000	53
10	中信证券	2003-01-06	4.50	40000	2011-10-06	15.20	99530	102
11	中国中铁	2007-12-03	4.80	467500	2007-12-07	5.78	365860	0
12	中国太保	2007-12-25	30.00	100000	2009-12-23	28.00	86000	24
13	金风科技	2007-12-26	36.00	5000	2010-10-08	17.98	39500	22
14	中国铁建	2008-03-10	9.08	245000	2008-03-13	10.70	170600	0
15	中国南车	2008-08-18	2.18	300000	2008-08-21	2.60	160000	0
16	中国中冶	2009-09-21	5.42	350000	2009-09-24	6.35	287100	0
17	农业银行	2010-07-15	2.68	2557058	2010-07-16	3.20	2541200	0
18	郑煤机	2010-08-03	20.00	14000	2012-12-05	10.38	22112	27
19	光大银行	2010-08-18	3.10	700000	2013-12-20	3.98	686894	40

注：其中中国中铁、中国铁建、中国南车、中国中冶、农业银行等公司在两地上市时间仅间隔 3 天之内。

3.3.2 “A+H 同步”模式

1）概况

“先 H 后 A”模式是中国证券市场发展早期阶段大多数中国公司交叉上市所采用的模式，A 股过高发行价严重损害了国内投资者的利益。“A+H

同步”模式则可以解决这个问题。从严格的时间看，到目前为止，仅有工商银行和中信银行两家公司，而后来的多家公司虽然采用的“先A后H”模式，但两地上市的时间仅相差几天，在上市程序上与同步模式相同。这些在两地上市仅差几天的公司有：中国铁建、中国南车、中国中冶、农业银行、新华保险，新华保险H股上市比A股上市早一天。这些公司都应该属于“A+H”同步上市模式，在后续的市场反应研究中也把这些公司归入同步上市一组。

2006年10月，中国工商银行成功在内地A股市场与香港H股市场同步上市，A股和H股的发行价分别为3.12元和3.07港元，融资总额超过220亿美元，成为当时全球有史以来最大的IPO，也是中国第一家以“A+H同步”模式进行交叉上市的公司，具有里程碑的意义。这种同步上市要克服很多困难，如信息披露一致、发行时间表衔接、同价发行等。在内地和香港有关部门及市场机构的共同努力下，工商银行“A+H同步”发行得以顺利进行。工商银行同步上市也是中国新股发行制度一次有意义的改革尝试。如在发行中引入A股战略配售①、“绿鞋机制”②、分析师大会形式等，解决了异地信息的同步披露问题、在H股中采用首次预披露机制等。工商银行“A+H同步”模式的成功经验为融资规模大、经营国际化的大型国有公司，探索出了一个相对较好的上市模式，被后来的许多公司效仿。

为了使工商银行成功实现同步上市，相关部门做了大量的工作。就工商银行来说，公司在上市前进行了一系列改革，裁减了近20万员工，政府还出资为公司清理坏账，改善公司的资产负债表。另外，在工商银行两地同步上市之前，中国银行在一个多月时间内迅速完成“先H后A”模式上市过程，

---

① 战略配售股份指第一次发行股票上市时，向某些特别选定的对象发行的占发行数量相当(大)比例的股份，这些对象承诺在股票上市后规定的一定期限后才能上市交易，主要是为了稳定股价。

② “绿鞋机制”也叫绿鞋期权(Green Shoe Option)，是指根据中国证监会2006年颁布的《证券发行与承销管理办法》第48条规定：“首次公开发行股票数量在4亿股以上的，发行人及其主承销商可以在发行方案中采用超额配售选择权”。这其中的“超额配售选择权”就是俗称绿鞋机制。该机制可以稳定大盘股上市后的股价走势，防止股价大起大落。

也为工商银行同步上市作了充分铺垫。

中信银行是第二家以“A+H同步”模式交叉上市的公司。中信银行的发行上市获得了境内外投资者的高度关注，以A股5.80元人民币的发行价，创下了银行业发行A股估值水平的新高。而A股网上发行的11.5亿股获得了超过2000亿股的申购量，认购倍数高达175倍，冻结资金总额约1.2万亿元人民币，上市首日A股股价上涨96.03%，创下金融类新股首日上市交易的涨幅纪录。香港投资者也踊跃申购中信银行H股，H股公开认购及国际配售部分分别获得230倍及90倍的超额认购。

2）利弊分析

“A+H同步”模式最大优势在于“同股同价”，有效地避免了“先H后A”模式给国内外投资者带来的不公平问题。“先H后A”模式H股的低发行价导致境外市场的投资者获得一次超额收益，在回归A股市场时，发行价又偏高，使国内投资者利益受到损害，H股投资者却又一次获得了超额收益。同步上市则可以有效地解决这个问题。“A+H同步”模式也可以使公司获得较好的发行定价。就香港市场和内地市场相比较而言，香港市场的发行市盈率通常低于国内市场，实行同步上市，按同一价格发行有利于提高公司在H股市场的估值水平，使新股在境外上市获得较理想的定价。另外，“A+H同步”模式还降低了融资成本，避免了二次发行造成的资金浪费。

当然，“A+H同步”模式交叉上市的实现还存在着许多困难。首先，由于内地与香港现在公司法和证券法以及会计制度方面还存在着许多差异。从现有的两家公司发行过程来看，香港交易所均采取豁免的方式，即放松上市要求来解决差异问题。其次，同步发行还存在同步审核及协调的问题。两地新股发行的审核制度、文件上报形式、审批时间等也存在着差异，也是同步上市需要协调的问题。从现有的两家公司发行情况来看，两地市场的监管机构都采取“特事特办”的做法，保证了同步发行的顺利进行。最后，同步发行还存在着两地发行价格的协调问题。两地同步发行的最大特点就是要求发行价相同。但是内地采取询价制，而香港采取的是对机构投资者采用累计订单询价制和对散户投资者采取固定价格发售的混合发售机制。由于两地市场分割、信息及偏好不同，询价的结果不会相同。要保持相同定价，必须进行协调。正因为两地市场的差异，使得“A＋H 同步”模式存在着诸多困难，使得这种模式难以成为今后交叉上市模式的主流。

3.3.3 “先 A 后 H”模式

1）概况

“先 A 后 H”模式是近几年才出现的交叉上市模式，这是中国股票发行制度的尝试，也是一种必然趋势。“先 A 后 H”模式的出现意味着 A 股市场已经发展壮大，进入了一个新的历史阶段，逐步与国际接轨。先前之所以采用“先 H 后 A”，主要是因为 A 股市场容量有限，难以承载大型公司发行上市。目前总共有 19 家“先 A 后 H”交叉上市公司，中兴通讯于 2004 年 12 月在 H 股上市，成为第一家以“先 A 后 H”模式上市的公司，但之后并没有成为常态，只有在 2006 年，招商银行一家以“先 A 后 H”模式进行交叉上市。从 2008 年开始，“先 A 后 H”模型的公司逐渐增多。2008—2013 年，以这种模式走出去的公司分别是 3 家、3 家、4 家、2 家、4 家和 1 家，在当年交叉上市公司中的比例明显增加。从上市时间间隔看，分化比较明显，除了 5 家公司的时间间隔仅 3 天以下，其余的公司两地上市时间间隔接近 2 年或 2 年以上，最长的是中集集团，时间跨度近 19 年。2010 年 7 月农业银行在两地上市的时间间隔仅仅相差 1 天。这些两地上市时间间隔仅仅几天的，实质上应该属于同步上市的模式。从表 3-4 还可以看出，2008 年开始大型公司交叉上市大多是以这种模式在两地上市的新股。

“先 A 后 H”模式曾经被很多国内上市公司所企盼，特别在 2001—2005 年国内漫长的熊市中，公司国内再融资变得困难，这种想法更加迫切。由于机构投资者的反对，仅仅中兴通讯一家成功登陆 H 股。实际上，中兴通讯 H 股的发行并不顺利。2002 年该公司就提出了发行 H 股的计划。当时由于香港股市也处于低迷状态，投资者对中兴通讯发行 H 股表示出疑虑，担心中兴通讯 H 股发行价过低而损害 A 股股东利益。投资者的担心使该公司股价从出台增发 H 股消息前的 20 多元一路下跌到最低时的 12.68 元，跌幅达

40%左右，明显超过大盘同期约 20%的跌幅。尽管该方案在公司股东会上得到大股东的支持而获得通过，但最终没有得到中国证监会的支持。直到 2004 年香港股市转暖，中兴通讯 H 股的发行工作才没有遭到投资者的反对，H 股得以顺利进行。但中兴通讯之后，这种模式并没有成为常态。直到 2006 年后股改的成功实施，中国股市回暖，也得益于工商银行两地同步发行的经验，“先 A 后 H”模式才涌现出来。2006 年之前，只有中兴通讯和招商银行两家公司采用这种模式，中国中铁之后，这种模式才开始作为一种持续发行模式。

2）利弊分析

“先 A 后 H”模式最大的优点是维护了 A 股的定价权，也让 A 股投资者率先分享到大型优质国企的成长成果，保护了国内投资者的利益。以中兴通讯为例，其最后确定 H 股的发行价为每股 22 港元。这一发行价格相当于该公司 H 股上市时 A 股前 30 个交易日收市价算术平均值 25.91 元的 90.4%，充分维护了 A 股市场的定价权。中国中铁的 A 股发行价为 4.80 元，H 股的发行价为 5.78 港元(5.5 元人民币)，高于 A 股发行价 14.5%。随着 A 股市场的不断壮大，A 股市场定价能力将越来越大，H 股发行定价将更多地以内地股价为依据。“先 A 后 H”交叉上市模式显然符合中国市场的整体利益。中国太平洋保险公司以“先 A 后 H”模式发行时又明确提出“H 股发行价格将不低于 A 股发行价格”，使得“先 A 后 H”模式在实际操作过程中进一步完善，也使 A 股市场的整体利益进一步得到保障。

“先 A 后 H”模式还可以有效解决 A 股发行比例太低的问题，使 A 股投资者有更多申购中签的机会，对广大投资者有利。中国《证券法》规定“公司股本总额超过 4 亿元的，公开发行股份的比例为 10%以上”。但是，该规定并没有明确说明不同市场发行的具体分配比例。在“先 H 后 A”模式下，香港证券方面的有关规定是，在香港公开发行部分必须达到总股本 25%以上，这样，在先满足香港市场要求后，再回 A 股市场上市时发行的比例就非常少。在融资规模上，中国中铁成为第一家 A 股融资规模超过 H 股的公司。从表 3-4 可以看出，在两地发行时间相差几天的、采用“先 A 后 H”交叉上市模式的公司在 A 股发行的股数和融资规模上要么超过了 H 股，要么持平。

“先 A 后 H”模式也有利于缩小同一只股票在两个市场上的价格差异。之前的“先 H 后 A”模式，由于 A 股定价过高，发行量过小，造成同一只股票价格在两地市场的差异很大。采用先“先 A 后 H”模式可以使得 H 股的定价参考 A 股的价格，发行量也旗鼓相当，从而有利于收窄价差。造成股票价格差异的原因是多方面的，交叉上市模式也是其中之一。

当然，“先 A 后 H”模式也存在不足的地方。虽然“先 A 后 H”模式可以很好地维护 A 股定价权，但由于 A 股市场还有许多不完善的地方，使得对 A 股定价权走向了另一个极端，即 A 股高价发行，降低了 A 股的投资价值，也会导致 H 股发行困难。中国太保 2007 年 12 月 A 股发行价格高达 30 元，但随着股市行情急转直下，该股“破发”，致使 H 股迟迟难以发行。

“先 A 后 H”模式两地上市时间间隔太短也是不足之一。现有的 19 家“先 A 后 H”交叉上市上市公司中，有 5 家公司两地上市时间间隔只有几天，中国中铁 H 股的上市时间，仅仅只是比 A 股上市时间晚了 3 天，农业银行两地上市的时间差更是只有 1 天。交叉上市模式不同，区别的关键之处就在于后者发行价格要对前者发行价格予以认可，同时还要在一定程度上认可前者的市场价格。时间间隔太短就体现不出这一区别。中兴通讯是真正意义上的“先 A 后 H”模式，两地上市时间相隔 7 年，其 H 股发行价则充分体现了对 A 股价格的认可。然而时间间隔太近则无法体现这种优势，以中铁为例，H 股定价时，A 股还没有上市，即 H 股发行价的确定与 A 股的市场价格根本无关。农业银行两地上市的股票定价上采取的是“同时路演，同时簿记，差异化定价”的方式，亦即农行根据两个市场的需求情况，各自进行定价。

此外，“先 A 后 H”模式发行虽然在一定程度上保护了 A 股市场投资者的利益，但却无法保护 A 股市场上中小投资者的利益。因为在目前 A 股发行制度下，为了使这些规模庞大的公司能够顺利上市，引入了大量机构投资者，中小投资者难以从这些新股发行中得利。

3.3.4 交叉上市模式变迁的评价

从“先H后A”，到“A+H同步”，再到“先A后H”，中国公司交叉上市模式变迁，体现了中国证券市场的发展不断壮大。

先发行H股，再回归A股市场上市，是以往大多数国内公司交叉上市采用的模式。在中国股票市场成立初期，由于各种制度不完善，市场规模有限，无法满足大型公司上市筹资需求，不得已选择去香港发行H股进行筹资。股权分置改革的成功实施，释放了A股市场发展的潜力，使A股市场的价值实现了回归。工商银行实现了“A+H同步”模式交叉上市，在法律、制度、定价技术上取得了一次新的突破。中铁采用“先A后H”模式发行上市之后，使中国公司交叉上市模式发生了质的转变，有望成为国内大型公司交叉上市的主要模式，更好地维护A股市场的定价权和保护投资者的利益。

中国公司交叉上市行为与其他国家公司的交叉上市行为最大的区别就是在交叉上市模式上。其他国家的公司，无论是新兴市场国家还是成熟市场国家，其交叉上市几乎都是以“先内后外”模式进行的，亦即先在国内市场上市，然后到其他国家的市场上市。外国相关的研究文献也都基于“先内后外”模式再开的，其研究的结论并不适用于中国的情况。交叉上市模式多样化是中国公司交叉上市一个重要的特征，开展相关的研究必须根据中国的实际情况进行。

3.4 交叉上市公司特征分析

本节对中国交叉上市公司的特征进行全面的描述，对公司的上市时间、行业分布、发行规模与价格以及在其他交易所上市的情况进行全面介绍，加深对中国交叉上市公司背景的了解。

3.4.1 上市时间

截至2013年底，在香港和内地市场交叉上市的中国公司共有83家。各年度交叉上市公司数的统计如表3-5所示。

从表 3-5 可以看出，1993—1997 年，也就是中国公司交叉上市的发展阶段，各年从 H 股市场回归 A 股市场上市的公司数量基本稳定，1995 年为 5 家公司，其余的年份均为 3 家，也可见在中国政府的推动下，H 股公司回归 A 股上市有条不紊地进行。在 1998—2005 年放缓的阶段，H 股公司回归 A 股市场上市明显减少，而且分布不均。其中 2001 年中国股市出现了"519"牛市行情，回归 A 股市场上市的公司相对多一些，交叉上市公司数为 5 家。在此后连续几年国内股市低迷的时间里就明显减少，其中 2000 年没有一家公司进行交叉上市，2004 年底中兴通讯出于迫切的融资需要以"先 A 后 H"模式在香港进行上市。在 2006 年至今的加速阶段，特别是在 2007 年，中国股市出现了前所未有的牛市行情，市场投资者热情高涨，资金充裕，中国政府也积极推动公司交叉上市，总共有 14 家中国公司在这一年实现了交叉上市。2006 年和 2008 年分别的 7 家和 6 家。从 2007 年开始，不同交叉上市模式的公司开始逐步增加，特别是"先 A 后 H"模式。从表中可以看出，"先 A 后 H"模式成了 2008—2013 年间最主要的交叉上市模式。2012 年中国有 11 家公司进行交叉上市，是交叉上市公司最多的年份，其中包括了一些老牌的公司回归，如海通证券、中集集团，复星医药，都是时隔十几年后回归 A 股的，也包括了 4 家以"先 A 后 H"模式走出去的公司。由于中国股市的持续低迷，2013 年交叉上市进入相对的低潮，只有 2 家公司进行交叉上市。

表 3-5　中国交叉上市公司的年份分布

年　份	1993	1994	1995	1996	1997	1998	1999	2000	2001	2002	2003
公司总数	3	3	5	3	3	1	1	0	5	3	2
年　份	2004	2005	2006	2007	2008	2009	2010	2011	2012	2013	
公司总数	1	1	7	14	6	4	6	6	11	2	
A+H 同步			1	1							
先 A 后 H	1		1	1	3	3	4	2	4	1	

注：吉林化工于 2005 年退市。

在表 3-2 中，从"先 H 后 A"模式的交叉上市公司两地上市的时间间隔统计看，两地上市时间间隔最短的是 1 个月，如青岛啤酒和昆明机床，都是在 H 股市场上市后 1 个月左右的时间里顺利实现回归 A 股市场上市。两地上市时间间隔最长的是 181 个月，一拖股份 1997 年在 H 股上市，2012 年才回归 A 股上市，四川成渝两地上市的价格也比较长，1997 年 10 月在香港 H 股市场上市，一直到 2009 年 7 月才回归 A 股市场上市。在 2007 年中国股市行情高涨的时期，一些很早就有回归 A 股市场上市而未能实现的公司终于实现了回归的愿望，如北辰实业、广深铁路、大唐发电、重庆钢铁等公司，都是已经在 H 股市场上市 10 年左右的时间之后实现了回归 A 股市场上市。

“先 A 后 H”模式的交叉上市公司在两地上市的时间间隔出现了两极分化，从表 3-4 中可以看出，19 家公司中，有 5 家公司在两地上市的时间间隔仅仅相差 4 天之内，而农业银行在两地上市的时间仅仅差了 1 天，其余 14 家公司在两地上市的时间间隔几乎都是两年以上。其中海通证券、上海医药、中集集团都是 1994 年在 A 股上市的，它们在 2011 年或 2012 年在 H 股再度上市，其中中集集团在两地上市时隔 225 个月，近 19 年，成为交叉上市时间间隔最长的公司。而那些两地上市时间间隔仅几天的公司，因为市场反应基本与“A＋H”模式相同，在后续的研究中，本书把它们归入同步上市的一组。

3.4.2 行业分布

表 3-6 给出中国交叉上市公司的行业分布情况。

表 3-6　行业分布情况表

行业分类	公司数量(家)	比例(%)
B 采掘业	8	9.6
C 制造业	35	42.4
C0 食品饮料	1	1.2
C3 造纸印刷	1	1.2
C4 石油化学	2	2.4
C6 金属非金属	9	10.8
C7 机械设备	19	22.9
C8 医药生物	3	3.6

(续表)

行业分类	公司数量(家)	比例(%)
D电力	5	6.0
E建筑业	4	4.8
F交通运输	12	14.5
G信息技术	2	2.4
I金融保险	15	18.1
J房地产	1	1.2
K社会服务	1	1.2
合计	83	100

在所有83家交叉上市公司中,根据CSRC行业分类,对公司的行业分布情况进行了归类。从表3-6可以看出,交叉上市公司主要分布在制造业、交通运输业、金融保险业和采掘业,所占比例分别为42.4%、14.5%、18.1%和9.6%;制造业中比例最大的是机械设备子行业,占全部交叉上市公司的22.9%;而房地产业和社会服务业各只有1家,它们分别是北辰实业和创业环保两家公司。结合上一节交叉上市模式的分析还可以发现,早期"先H后A"模式的公司中,制造业、交通运输业占了相当大的比重。而采掘业公司主要在2007年下半年～2008年上半年这一段时期回归A股市场上市,当时正值中国A股市场最活跃的时期,有中海油服、中国神华、中国石油、中煤能源和紫金矿业5家公司。在后期21家"A+H同步"和"先A后H"交叉上市模式的公司中,金融保险业有15家公司,占了相当大的比重。结合上市的时间,可以看出中国政府相关部门在安排公司交叉上市时,不同时期针对的行业也不同。

从表中的统计可以看出中国交叉上市公司基本上都是关系到国计民生的,掌握经济命脉的行业,如采掘业、机械设备、金属、交通运输、金融保险等行业,这些行业是国民经济的基础,因此大部分都是国有或国有控股的公司。鉴于此,对中国交叉上市公司的研究也显得特别重要。

3.4.3 发行规模与发行价格

表 3-7 提供了所有 83 家交叉上市公司发行规模和发行价格的描述性统计结果。从表 3-7 可以看出，交叉上市公司 H 股发行规模的均值为 366 054.1 万股，A 股的发行规模均值为 174 075.5 万股，H 股发行规模是 A 股发行规模的 2.1 倍；H 股发行价的均值为 5.49 港元，A 股的发行价均值为 8.65 元，H 股发行价是 A 股发行价的 0.63 倍(不考虑汇率变动，下同)。从中可以看出 H 股的发行规模明显大于 A 股的发行规模，而 H 股的发行价却明显低于 A 股的发行价。

表 3-7　所有交叉上市公司的发行规模与发行价的描述性统计

指　标	H 股(万股)	A 股(万股)	A 股发行价(元)	H 股发行价(港元)
均值	366 054.1	174 075.5	8.65	5.49
中位数	107 589.0	32 712.0	5.22	2.97
最大值	4 885 479.0	2 557 058.8	43.00	28.50
最小值	6 500.0	1 200.0	2.18	0.10
标准差	824 222.9	418 437.9	8.61	5.89

为了说明交叉上市模式的变化对发行规模和发行价格的影响，将全部的 83 家交叉上市公司分为两组，一组是“先 H 后 A”模式，共 63 家公司，另一组是“A+H 同步”和“先 A 后 H”模式，共 21 家公司，见表 3-8 和表 3-9。“先 H 后 A”模式的交叉上市公司，H 股发行规模和发行价的均值分别是 268 558.5 万股和 3.65 港元，A 股的发行规模和发行价的均值分别是 92 609.4 万股和 8.18 元。H 股发行规模均值和发行价均值分别是 A 股的发行规模均值和发行价均值的 2.90 倍和 0.45 倍。可见“先 H 后 A”交叉上市模式使 A 股的发行量少但发行价高。“A+H 同步”和“先 A 后 H”模式的交叉上市公司中，如表 3-9 所示。H 股发行规模均值和发行价的均值分别是 658 541.0 万股和 11.00 港元，A 股的发行规模和发行价的均值分别是 418 473.8 万股和 10.06 元。从均值看，H 股的发行规模大于 A 股的发行规模，A 股的发行价只是略低于 H 股的发行价，考虑到汇率问题，两地的发行价格几乎无差

别。可见"A+H 同步"和"先 A 后 H"模式很好地保护了 A 股的定价权，发行规模之间的差距也进一步缩小。

表 3-8 "先 H 后 A"模式的公司发行规模与发行价的描述性统计

指　标	H 股(万股)	A 股(万股)	A 股发行价(元)	H 股发行价(港元)
均值	268 558.5	92 609.4	8.18	3.65
中位数	96 477.8	30 000.0	5.03	2.40
最大值	2 940 387.8	900 000.0	43.00	28.50
最小值	6 500.0	2500.0	2.20	0.10
标准差	557 804.7	152 840.4	8.42	4.13

表 3-9 "A+H 同步"和"先 A 后 H"模式的公司发行规模与发行价的描述性统计

指　标	H 股(万股)	A 股(万股)	A 股发行价(元)	H 股发行价(港元)
均值	658 541.0	418 473.8	10.06	11.00
中位数	143 048.0	40 000.0	6.81	9.08
最大值	4 885 479.0	2 557 058.8	36.00	28.00
最小值	12 294.0	1 200.0	2.18	2.60
标准差	1 317 177.0	755 371.0	9.20	6.98

3.4.4 在其他交易所交叉上市的情况

中国公司主要在内地 A 股市场和香港 H 股市场进行交叉上市，也有一些公司在中国内地、香港、新加坡、美国和英国等证券市场进行二重、三重或四重交叉上市。

美国拥有世界上最大最成熟的资本市场，纽约是世界的金融中心，这里聚集了世界上绝大部分的游资和风险基金，股票总市值几乎占了全世界的一半，季度成交额更是占了全球的 60%以上。美国的证券市场体现了立体多层次，具有为不同融资需求服务的鲜明特征。不同的市场为不同的企业进行筹融资服务，只要企业符合其中某一个市场的上市条件，就可以向美国证监会申请"登记"挂牌上市。美国的证券市场可分为 5 个层级，并且能继续细分为 7 个主要市场。①交易所：允许外国公司挂牌上市的美国全国性股票交易所，包括纽约证券交易所（NYSE）和美国证券交易所（AMEX）；②店头市场：全球最大的股票交易市场——纳斯达克证券交易市场，由纳斯达克全国市场（NNM）及纳斯达克小资本市场（SM）组成；③电子板市场（OTCBB）；④粉单市场（或称粉纸市场）（Pink Sheets）；⑤非主流报价市场（Unsolicited Quote）。其中，纽约证券交易所、美国证券交易所以及纳斯达克证券交易市场是美国最主要的 3 个证券交易市场。美国纽约证券交易所（NYSE）（2006 年与泛欧证券交易所合并组成纽约泛欧证交所（NYSE Euronext））的市场监管、信息披露要求等比香港主板市场更严格。ADR（American Depository Receipts）[①]是面向美国投资者发行并在美国证券市场交易的存托凭证，是其他国家公司在美国交叉上市一种最主要的途径。

新加坡证券市场也受到中国公司的青睐，"中国概念"比较强，许多中国公司在新加坡证券市场上市。新加坡证券交易所是亚洲独具国际化的证券市场，也是一个国际金融中心。它有着自己的特点：①制造业及商贸企业所占比例较高。来自制造业（包括电子业）的公司占相当大的比例，其次是商贸企业，此外主要有服务业、金融业及建筑业的公司。②它是区域性的交易所，在新交所上市企业有相当大的比例来自外国。在这些外国企业中，许多在新加坡本地是没有经营的，它们只是到新加坡来募集资金，而新加坡本地

---

① 美国存托凭证（ADR），又称存券收据或存股证。是指在一国证券市场流通的代表外国公司有价证券的可转让凭证，可以是股票，也可以是债券。美国存托凭证（ADR）是面向美国投资者发行并在美国证券市场交易的存托凭证。根据美国有关证券法律的规定，在美国上市的企业注册地必须在美国，在中国注册的公司，只能采取存托凭证的方式进入美国的资本市场。ADR 分为一、二、三等 3 个级别。一级 ADR 只能在柜台交易市场（OTC）交易，是最简便的在美上市交易方式，不要求发布年报，也不要求遵从美国会计准则，数量最多。二级 ADR 要求向美国证监会注册并接受美国证监会的监管，必须要定时提供年报并服从美国会计准则。二级 ADR 的好处是可以在证券交易所交易，而不仅限于柜台市场。三级 ADR 是最高一级的 ADR，美国证监会对其的监管也最为严格，与对美国本土企业的监管要求基本一致。三级 ADR 的最大好处是可以实现融资功能。

企业,它们大部分的经营却是在海外。③相对交易量(换手率)表现突出,新加坡的换手率显示新加坡的股市是一个相当活跃的市场,与香港差不多。参与者以机构投资者为主体,投资者结构比较合理。此外,有些股市的交易量通常都非常集中在几只活跃股上,其他股票就不太受重视;而新加坡在交易量方面是比较分散,前 10 名最活跃股票的交易量,就占整个市场总量的 30%~40%。④企业融资方便。公司除了在上市时发行新股、募集资金外,上市后公司还可以随时在二级市场上再次集资。公司在新交所首次上市,从筹备起到正式挂牌上市,大概需要 4~6 个月时间;如果公司已经在新加坡上了市,从决定再次集资到募集到资金为止,通常仅要 3~5 个工作日。在新交所二级市场融资手续十分简便、速度很快。⑤有许多专业人员及大量交易基金。新加坡证券市场的基金经理、专业投资分析员众多,基金总额也比较高。

英国证券市场是欧洲最大的证券,也是世界上最具有国际性的股票市场。英国证券市场主要由 3 级组成。

(1) 伦敦证券交易所。目前英国只有一个证券交易所,即伦敦证券交易所。伦敦证券交易所的交易方式与其他国家的证券交易所相比,具有以下特点:①现款交易。伦敦证券交易所规定,凡是英国公司股票一律在成交的第二天结算交割完毕。②双营业周定期交易。即在每两个营业周后的一定结算日通过客户所开设专户办理结算的交易方法。一般确定在每月月中与月底的某日为共同定期交易结算时间。至于每次定期结算日时间则在上年度 9 月作出决定,结算日连续进行 5 天。

(2) AIM 市场。其全称是英国另类投资市场(Alternative Investment Market,简称 AIM)。AIM 市场是由伦敦证券交易所在 1995 年 6 月成立的,是第一家欧洲的二板市场。它主要为新创建的小企业提供融资服务。挂牌上市的企业可以是高科技企业,也可以是传统的制造行业,或者是第三产业的服务公司,而且 AIM 市场对公司的资金实力、企业规模、盈利状况等没有任何的要求。二板市场附属于伦敦证券交易所,但二板市场有其独立的运作规则和管理机构,交易所主要提供各种“硬件”设施。在二板市场中,高技术产业(尤其是信息技术产业)的公司占据了其中的主要的地位。

(3) 未挂牌股票市场和第三市场。未挂牌股票市场又称为未上市股票市场,它建立于 1980 年,是为满足那些规模较小、较不成熟、还不可能成为申请完全上市的公司的需要,为这些公司的证券提供一个正式的、合理的市场。这个市场被看做是过渡到证券交易所正式挂牌的台阶,因此被称为第二市场或二层市场。第三市场在 1986 年设立,主要交易尚未能进入未挂牌股票市场的更年轻的公司,这些公司的股票交易记录更短,相对来说未经考验,第三市场使更广泛的公司能进入有组织的资本市场。在第三市场中,公司是由发起人来管理的,而不是由证券交易所管理。1990 年年底因第三市场与未挂牌股票交易市场的区别趋于模糊,因此取消了第三市场,其中的大多数公司转入未挂牌股票交易市场。

表 3-10　中国公司在其他交易所交叉上市的情况

公司名称	公司代码	上海证券交易所	深圳证券交易所	香港交易所	纽约证券交易所	新加坡主板市场	伦敦证券交易所
中国心连心	B9R. SGX01			√		√	
中国联通	0762. HKEX01			√	√		
康大食品	P74. SGX01			√		√	
昱辉阳光	SOLA. AIM01				√		√(AIM)
浙江沪杭甬	0576. HKEX01			√			√
招商地产	0024. SZSE01		√			√	
越秀地产	0123. HKEX01			√		√	
亚洲果业	ACHL. AIM01			√			√(AIM)
威雅利	W12. SGX01			√		√	
中新药业	T14. SGX01	√				√	
时计宝	2033. HKEX01			√		√	
赛诺国际	C16. SGX01				√(NASDAQ)	√	
麦斯达控股	MIDAS. SGX01			√		√	
宏霸数码	RCG. AIM01			√			√(AIM)
Z-OBEE 集团	D5N. SGX01			√		√	

(续表)

公司名称	公司代码	上海证券交易所	深圳证券交易所	香港交易所	纽约证券交易所	新加坡主板市场	伦敦证券交易所
中国国航	0753. HKEX01	√		√			√
中国电信	CHA. NYSE01			√	√	√	
广深铁路	0525. HKEX01	√		√	√		
大唐发电	0991. HKEX01	√		√			√
中国石油	PTR. NYSE01	√		√	√	√	
中国石化	0386. HKEX01	√		√	√		√
上海石化	0338. HKEX01	√		√	√	√	
南方航空	1055. HKEX01	√		√	√	√	
中国铝业	2600. HKEX01	√		√	√	√	
东方航空	0670. HKEX01	√		√	√	√	
兖州煤业	1171. HKEX01	√		√	√	√	
华能国际	HNP. NYSE01	√		√	√	√	

数据来源于 SCMAR，不包含 B 股。

上表给出了除了在 A 股和 H 股市场交叉上市外，在其他证券市场进行交叉上市、三重上市、四重上市的公司统计。从表可以看出，有 15 家公司在其他的两个市场进行交叉上市。这些公司中，除了少数企业是国有企业，大部分是民营企业。以中国联通为代表的公司具有特殊性，它是在香港注册并在香港上市的，法理上属于境外公司，要回归 A 股上市目前还有困难。表中有 4 家中国公司进行了三重上市，有 8 家中国公司进行了四重上市。可以看出这些公司都是国有大型企业，也是中国比较早的上市公司，当时企业发展的迫切需要，为了募集到更多的资金，进行了多地交叉上市。

3.5 本章小结

本章对中国公司交叉上市的背景进行了详细介绍。首先本章简要地介绍了中国资本市场的发展概况。中国公司交叉上市现象伴随着中国资本市场的发展而发生，了解中国资本市场的发展概况有助于更好地理解中国公司交叉上市的背景。中国资本市场的发展进程和国内外经济的状况影响了中国公司交叉上市的历程。中国政府相关部门的交叉上市政策也审时度势地变化着。中国公司交叉上市的历程大致分为 3 个阶段，即发展阶段、放缓阶段和加速阶段。随着中国经济的发展和中国证券市场不断壮大，中国公司交叉上市模式发生了极大的转变。在交叉上市的早期阶段，由于当时现实条件的约束，中国交叉上市公司主要以“先 H 后 A”模式进行，这种模式是当时现实条件下一种不得已的选择，使中国 A 股的定价权不能自主，也使中国国内投资者的利益受到损害。在交叉上市的加速阶段，中国公司先后出现了“A＋H 同步”和“先 A 后 H”交叉上市模式，这种不同的交叉上市模式不但维护了中国市场的定价权，保护了投资者的利益，也充分表明中国证券市场不断发展壮大。这种模式的优点从中国交叉上市公司的特征分析中也可以看出。

此外本章还介绍了中国交叉上市公司的其他特征，如上市时间，行业分布，以及在其他证券市场交叉上市的情况。通过本章的分析，可以充分了解中国公司交叉上市的背景和特征。从这些特征中可以看出中国交叉上市公司都是一些关系国家经济命脉的大型国有公司，对这些公司的研究也显得特别重要。

这里值得一提的是，在香港以普通股上市华晨汽车(1114. hk)2007 年从纽约证券交易所退市，公司的解释是在美国发行的 ADR 交易量减少，基本丧失募集资金能力，而维持 ADR 上市的成本却在增加。2009 年 11 月 27 日江西铜业撤销 H 股在伦敦证券交易所 International Bulletin Board(ITBB)的交易。公司的解释是公司并未通过 ITBB 筹集到重大资金，香港上市规则与英国上市监管局(UK Listing Authority，UKLA)上市规则的差异、时差等原因增加了信息披露的难度。另外，江西铜业管理层也认为在 ITBB 进行买卖需支付若干存续成本和管理费用，增加了公司的支出。

第4章　交叉上市对公司治理的影响研究

本章及以下几章为实证部分，用实证方法对中国公司交叉上市的影响进行客观评价。公司交叉上市产生的影响是多方面的，交叉上市首先对公司本身产生了影响，主要体现在公司治理和经营绩效上。如第2章所述，相关的文献研究表明，公司通过交叉上市，将承担更加严格的信息披露义务，也将接受更加严厉的市场监管，从而在一定程度上限制了大股东从公司获取私人利益，更好地保护小股东的利益，由此形成了有关交叉上市的公司治理的两个重要理论——信息披露理论和司法约束理论。中国公司交叉上市主要在内地A股市场和香港H股市场进行。香港是国际金融中心之一，市场环境成熟、法律健全、监管严格，那么这些A+H股公司与内地非交叉上市公司相比，公司治理水平是否得到改善了呢？体现在投资者利益保护上，这些公司是否提高了投资者保护水平？本章对此问题进行了探讨。

4.1　问题提出

4.1.1　公司治理的内涵

市场信息不对称以及投资者与公司管理者之间的委托代理冲突，引出了公司治理的问题。现代企业制度是市场经济重要组成部分，公司治理问题引起了各国的重视，国内外学者对公司治理问题进行了大量、深入的研究，取得了丰硕成果，也形成了一系列不同的思想和理论。根据经济发展与合作组织(OECD)对公司治理的定义,公司治理(Corporate Governance)是一种"据以对工商公司进行管理和控制的体系"。在这个体系中,基于利益联系在一起的各参与者——董事、经理、股东等,按照一定的程序行使各自的权利并承担相应的义务。

现有的公司治理理论一般认为,公司治理体系由两部分组成——内部治理和外部治理。白重恩等(2005)指出,内部治理是公司管理者以及其他利益相关者按照公司内部规定参与公司治理的一系列制度安排,包括董事会、高管薪酬、股权结构以及财务信息披露等;公司外部治理是公司外部法律和市场环境约束,包括法律制度、声誉监督机构等。

在现代企业制度发展的早期阶段,主要矛盾发生在股东和公司管理者之间,这种基于委托代理关系引起的利益冲突在很长时间里占据了公司治理理论的主导地位。随着时间的推移,20世纪90年代以来,另外一种形式的利益冲突引起了学者更多的关注,并逐渐成为公司治理理论的主流,即控股股东与广大中小股东(投资者)之间的冲突。控股股东的特殊地位使其有能力为谋取私利侵占公司的资源,从而损害中小股东的利益。Johnson等(2000)把这种控股股东侵占公司资源的行为称为"隧道行为(Tunneling)"。

4.1.2　中国上市公司在公司治理方面存在的问题

中国证券市场经过近20多年的发展,市场容量、投资品种、市场监管、法制基础等不断与国际接轨,成绩斐然。但作为一个新兴的市场,也有许多不完善的地方,公司治理问题就是其中之一。现阶段上市公司在公司内部治理方面主要存在以下问题:第一,股权结构不合理。中国上市公司股权结构中,一个较为普遍的现象是控股股东持有相当大的股权,使公司决策权过于集中,股权制衡机制无法有效发挥作用。由于中国特色的经济背景,也存在股权结构复杂的问题,如国有股、法人股、内部职工股等。第二,董事会、监事会和经理层的结构不合理。董事会选举、任免机制不规范,上市公司中,董事直接参与管理的现象普遍存在,独立董事和监事会没能有效发挥作用,经理层的激励机制也不够完善。第三,信息披露机制不健全。许多上市公司没能及时准确地披露公司财务会计等信息,公司内部人在信息披露时更多考虑内部集团的利益。现行的信息披露制度还不能对公司行为形成有效制约。从公司外部治理看,公司治理水平不高的症结在于外部监管机制缺位以致违规成本太低。尽管中国有包括《公司法》、《证券法》、《会计法》以及《民法通则》、《刑法》等其他相关法律在内的相对完备的经济法律体系,但总的说,法律效率不高,市场监管不力。

公司治理直接关系到公司的运营状况,如果公司治理水平低下,会导致投资者"用脚投票"行为的发生,最终损害了公司本身的利益。从投资者的角度看,公司治理也直接关系到公司自身利益。作为公司股东的广大中小投资者,寄希望于公司治理水平的改善,防止公司内部人,特别是控股股东,对外部投资者利益的侵占。在公司治理不完善的情况下,如股权过于集中、公司内部监督机制不健全等,控股股东和管理层容易产生侵害投资者利益的行为。

4.1.3 交叉上市与公司治理

La Porta 等(1998)从"法和金融"的角度阐述了不同市场投资者保护差异问题。他们认为,如果一个市场的投资者法律保护十分完善,控股股东侵占中小投资者利益的行为就会弱化,甚至消失。Stultz(1999)认为公司交叉上市的研究要关注公司治理问题,并指出独立董事、严格信息披露要求等是监督管理层的重要机制。Coffee(1999,2002)从法学的角度考察了公司交叉上市行为,发现新兴市场国家的公司在美国交叉上市,公司管理层作假和侵占行为也会被遏制,公司可以通过在美国交叉上市实现自我约束。Doidge(2004)通过实证研究,支持了上述的观点,该研究结果发现交叉上市公司控股股东减少了对中小投资者利益的侵害。

香港成熟的市场环境以及完备的法律和市场监管体系,使得上市公司有相对高的公司治理水平,对投资者利益的保护也更完备。就法律规定方面讲,中国的公司法没有赋予小股东直接反抗公司不合理决策的权利。中国最高法院规定,公司"虚假陈述行为,须经证监会及其派出机构调查并作出生效处罚决定",这使得小股东维护自己的权益困难重重。香港的公司法则直接规定了小股东反抗公司不合理决策的权利。根据 La Porta 等(1998)的对香港市场和内地市场有关投资者保护法律规定的评价,香港市场明显好于内地市场。La Porta 等(1998)是从法律规定方面进行评价,如果考虑到实际执法实践中差异,两地市场在法律上对投资者保护的差异会更大。

中国公司交叉上市主要在香港 H 市场和内地 A 股市场进行。那么这些在香港市场交叉上市的公司是否因为香港成熟的市场环境与相对完备的法律和监管体系而改善了公司治理水平呢？这些公司与国内其他的非交叉上市公司相比是否提高了对投资者利益的保护？本章对此进行了考察。

4.2 研究设计

4.2.1 研究假设

交叉上市属于公司治理的外部机制,外部机制一个主要的指标是法律环境差异。根据 Coffee(1999,2002)的司法约束理论,新兴市场国家的法律制度相对不完善,如果公司在法律制度相对完善、监管更严格的市场进行交叉上市,可以更好地规范公司管理层的行为,遏制控股股东侵占公司资源,从而更好地保护投资者的利益。香港市场法律制度完善,市场监管严格,中国公司在 H 股市场上市,接受了香港法律和市场监管的约束,可以改善公司治理,提高对投资者利益的保护。因此,可以得到:

假设一:中国公司在 H 股市场交叉上市能够改善公司治理,提高投资者保护水平。

从公司治理的内部机制看,所有权结构,包括股权集中度、股东的性质等,对控股股东的行为也会产生重要影响,直接关系到对广大投资者利益。

控股股东持股程度与投资者保护之间的关系比较复杂,要根据不同情况具体分析。尽管控股股东可以利用自己的地位和拥有的决策权力侵占公司的利益,但控股股东采取这种做法的时候要衡量得失,控股股东对公司利益损失要承担与其持股比例相应的责任。只有当控股股东侵占公司的利益超过其应该承担的责任而遭受的损失时,这种侵占行为才会发生。Morck,Shleifer 和 Vishny(1988)的研究发现,当控股股东比例在 5%～25%时,随着控股股东持股比例的增加,其侵占公司利益行为发生的概率也会增加,导致公司价值下降。当控股股东持股比例高于25%时,随着控股股东持股比例的增加,其侵占公司利益行为发生的概率却会降低,使得公司价值增加。这两种现象也被称为利益侵占效应和利益趋同效应。Gomes(2000)也指出,可以将控股股东持有较高比例股份的行为当做控股股东向投资者的一种承诺,即控股股东不会侵占或转移公司利益。因此,可以得到:

假设二:当控股股东持股比例处于较高水平时,对投资者保护有利;反之,对投资者保护不利。

从股权制衡看,其他大股东的持股比例对控股股东的行为有很大关系。其他大股东持有较高比例的股权,可以监督和约束控股股东侵占公司利益的行为。Gugler和Yurtoglu(2003)对欧洲国家公司控制权的研究发现,第二大股东的持股比例与公司价值有着正向相关关系,随着第二大股东持股比例的增加,公司股利分配率也随之增加。Maury和Pajuste(2004)的研究发现,前几大股东的总持股比例能够有效制约控股股东的行为,公司价值与前几大股东的总持股比例成正比。以上的研究表明,股权之间相互制衡,可以规范公司的行为,有效地保护投资者利益。因此,可以得到:

假设三:股权制衡度越大,越能保护投资者利益。

中国上市公司中有很大一部分是由原来的国有企业通过股份制改造而来,即上市公司中国有或国有控股公司占有很大的比例。这些国有或国有控股公司有许多关联公司,而关联公司大都是国有或国有控股公司在股份制改造过程中被剥离出去的、需要扶持的非优质资产。因此这些国有或国有控股公司的控股股东有可能转移公司的利润用来扶这些关联公司。李增泉、余谦和王晓坤(2004)的研究表明,国有性质控股股东转移了上市公司的利润,用来支持母公司生产经营活动。因此,可以得到:

假设四:国有控股的上市公司对投资者保护不利。

4.2.2 数据、变量和模型

1) 数据来源

本书分别选取了2007年、2008年和2009年在A股市场的上市公司的集合数据。2006年新的《公司法》颁布，现代企业制度经过多年的运行相对成熟，股权分置改革这一时期也基本完成，选择这3年的数据进行考察也能反映相对真实的公司治理状况。本章所用的数据来源于CCER经济金融研究数据库，并对数据进行了前期处理，剔除了当年ST、PT公司和数据不全的公司，也剔除了2009年创业板公司，最终得到的样本公司为4044家，其中2007年、2008年、2009年间的样本公司数分别为1257家、1333家和1454家；交叉上市公司133家，其中2007年、2008年、2009年的交叉上市公司数分别41家、45家和47家。

2）因变量

公司治理良好的外在表现是很好地保护了投资者的利益，保护投资者利益也被认为是公司治理的核心内容，然而投资者利益保护的衡量是个难题。La Porta等(1998)基于各国外部法律环境的不同选择一股一票制、邮寄代理投票、强制分红等9项股东权利指标来衡量投资者保护水平，而中国公司处于一国之内，而且在9项指标中仅有投票权、通信投票权和召开特别股东大会权利等3项股东权利，因此，此方法并不适合考察中国的情况。Hanouna等(2002)以控制权私有收益(Private Benefits of Control)作为衡量投资者保护水平的指标，但是控制权私有收益是通过侵害所得在理论上存在争议。Burkart等(1998)认为控制权收益的存在是有益的，更高的接管溢价可以更好地保护投资者的利益。为此，刘少波(2007)提出超控制权收益的概念，认为这种超控制权收益才代表了控股股东对投资者利益的侵害。但不管是控制权私有收益还是超控制权收益，只有在股权发生转让时发生，与本书的研究目的和思路不符。李增泉等(2004)、王俊秋(2006)则以控股股东对公司资金占用量作为衡量投资者保护水平的指标。

鉴于研究的思路和目的以及数据的可得性，本章参考了李增泉等(2004)的研究方法，把控股股东对公司资金占用量作为衡量投资者保护水平的变量。控股股东占用公司资金情况可以通过公司财务报表中与应收款项有关的3个会计科目反映出来，它们分别是：应收账款、应付账款与其他应收款；上市公司占用控股股东的资金情况则可以通过公司财务报表中与应付账款有关的3个会计科目反映出来，它们分别是：应付账款、应收账款和其他应付款。如果控股股东占用公司资金净额大于零，说明公司发生资金净借出，即控股股东实际占用了公司资金；否则，说明公司从控股股东借入资金。

3）自变量

由前面的研究假设，自变量主要有以下几个：公司是否在H股市场交叉上市的虚拟变量 *CROSS*；第一大股东持股比例低于50%时的 *TOPL*；第一大股东持股比例超过50%时的 *TOPH*①；第二～第五大股东总持股比例 *BALANCE*，是否国有控股的虚拟变量 *GOV*。全部变量的定义见表4-1。

表 4-1　变量定义

变　量	定义与计量说明
CROSS	交叉上市虚拟变量。公司在H股市场交叉上市时，CROSS取值为1，否则为0
TOPL	控股股东较低的持股比例。当控股股东的持股比例低于50%时等于控股股东的持股比例，否则等于50%
TOPH	控股股东较高的持股比例。当控股股东的持股比例大于50%时，等于控股股东的持股比例与50%的差，否则等于0
BALANCE	股权制衡度。第二～第五大股东持股比例之和/控股股东持股比例
GOV	控股股东是否是国有控股（包括政府部门以及学校或科研机构等不从事具体的经营活动的组织或单位）。第一大股东是国有控股时，GOV取值为1，否则为0

4）Logit 模型

本章采用Logit回归模型进行分析。在二元择模型中，因变量 Y 只取0

① 国家国有资产管理局、国家体改委于1994年11月3日发布的《股份有限公司国有股权管理暂行办法》对国家控股的定义为，“绝对控股是指国有股权持股比例占50%以上（不含50%）；相对控股是指国有股权持股比例高于30%低于50%，但因股权分散，国家对股份公司具有控制性影响”，因此，本书以50%为限作为对控股股东持股的高低做分类。

或 1 两个值，模型的目的是考察因变量为 1 的概率。概率分布函数可表示为

$$P_i = P(y=1 \mid x_1, x_2, \cdots, x_k) = F(x_i'\beta) \tag{4-1}$$

其中，P_i 是在解释变量 $x_1, x_2, \cdots, x_k$ 条件下 y_i 为 1 的概率。

当 F 为逻辑分布函数时，模型称为 Logit 模型。此时模型可以转化为

$$\ln[P_i/(1-P_i)] = \alpha + x_i'\beta + \mu_i \tag{4-2}$$

Logit 模型一般采用极大似然估计，对数似然函数为

$$\ln L = \sum_{i=1}^{N} \{y_i \ln F(x_i'\beta) + (1-y_i)\ln[1-F(x_i'\beta)]\} \tag{4-3}$$

Logit 模型的优点是，分布函数不需要满足正态分布，同时也克服了线性概率模型因误差项的异方差导致的参数估计的非有效性。

本章 Logit 模型设定如下

$$\begin{aligned} &\ln[TUN/(1-TUN)] \\ &= c + \alpha_1 CROSS + \alpha_2 TOPL + \alpha_3 TOPH + \\ &\alpha_4 BALANCE + \alpha_5 GOV + \mu \end{aligned} \tag{4-4}$$

其中，TUN 是取值 0 或 1 的变量，当发生控股股东占用公司资金时 $TUN=1$，否则 $TUN=0$。模型的经济意义表示为用一组描述性变量来衡量控股股东占用公司资金的概率。

4.3 实证结果与分析

4.3.1 主要变量统计分析

1) 控股股东占用公司资金的比较

表 4-2、图 4-1 反映了全部公司和交叉上市公司控股股东占用公司资金的情况。从表中可以看出，全部的 4 044 家上市公司中有 1 762 家的控股股东占用了公司资金，占 43.6%，从 3 年的占用比例看略有下降趋势。在交叉上市公司中，控股股东占用公司资金的比例就少得多，全部的 133 家公司中，有 19 家公司的控股股东占用了公司资金，占 14.3%，3 年的占用比例分别是

22.0%、13.3%和8%,下降趋势明显。数据统计结果初步验证了假设一。

表4-2 控股股东占用公司资金的公司比例

类 别	年 份	控股股东占用公司资金的公司数	全部公司数	比例(%)
全部公司	2007	565	1257	44.9
	2008	579	1333	43.4
	2009	618	1454	42.5
	合计	1762	4044	43.6
交叉上市公司	2007	9	41	22.0
	2008	6	45	13.3
	2009	4	47	8.5
	合计	19	133	14.3

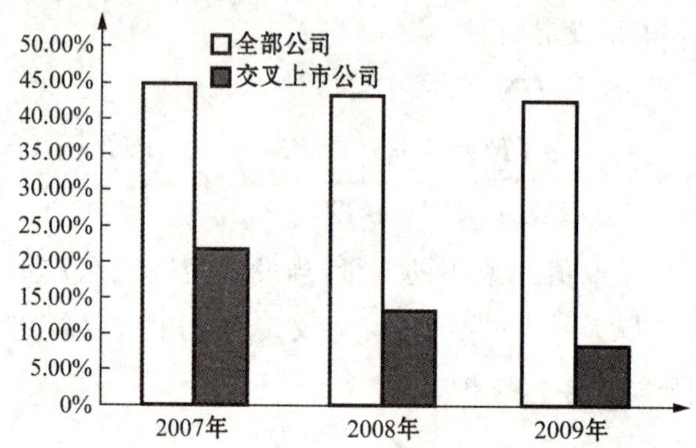

图4-1 控股股东占用公司资金的公司比例

2) 控股股东持股比例与资金占用

表4-3和图4-2表明的是控股股东持股比例与资金占用的关系。

表4-3 控股股东持股比例与资金占用

控股股东持股比例(%)	全样本			交叉上市公司		
	占用公司资金的公司数	所有公司数	比例(%)	占用公司资金的公司数	所有公司数	比例(%)
<20	246	527	46.7	2	6	33.3
[20,30)	454	971	46.8	0	10	0
[30,40)	401	864	46.4	3	33	9.1

(续表)

控股股东持股比例(%)	全样本			交叉上市公司		
	占用公司资金的公司数	所有公司数	比例(%)	占用公司资金的公司数	所有公司数	比例(%)
[40,50)	342	766	44.7	8	28	28.6
[50,60)	224	559	40.1	6	38	15.8
[60,70)	75	266	28.2	0	8	0
≥70	20	91	22.0	0	10	0

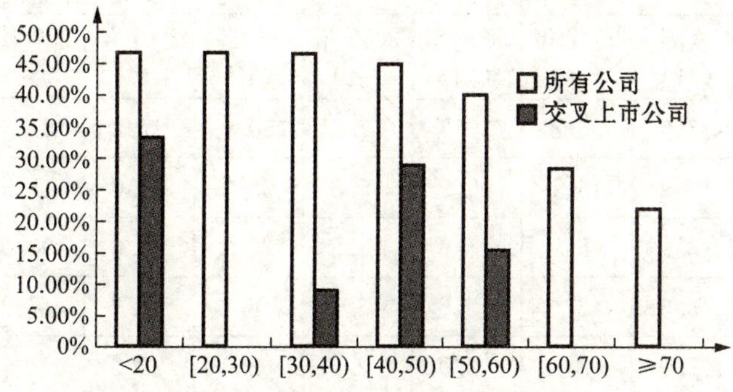

图4-2 大股东持股比例与资金占用

从全部样本公司统计看,控股股东持股比例低于50%时,其占用公司资金的公司数比例基本保持在一个稳定的水平;控股股东持股比例高于50%时,随着控股股东持股比例的增加,其占用公司资金的公司数比例呈现明显下降趋势。这与假设二的前半部分不相符,但印证了假设二的后半部分。在交叉上市公司中,控股股东占用公司资金的公司主要分布在控股股东持股比例30%~60%之间,低于30%和高于60%持股比例的公司中,发生占用公司资金的公司数较少或没有。从表中还可以看出,在交叉上市公司中,无论控股股东持股比例在哪个水平上,发生占用公司资金的公司数比例都少于全样本公司的情况。

3)前五大股东持股比例

表4-4是所有权结构的统计结果。从控股股东的持股比例看,全样本公司中控股股东持股比例均值为37.3%,交叉上市公司中这一比例的均值为

50.1%,交叉上市公司的控股股东持股比例普遍较高。全样本公司中,第二~第五大股东的持股比例之和的均值为15.9%,交叉上市公司中,第二~第五大股东的持股比例之和的均值是38.3%。从数据统计可以看出,交叉上市公司中前五大股东的总持股比例占公司全部股权的88.4%,而全样本公司中,这一比例仅为53.2%,可见交叉上市公司的股权相对集中,而非交叉上市公司的股权则相对分散。

表4-4　前五大股东持股比例的均值比较

股　东	全样本公司				交叉上市公司			
	全部(%)	2007年(%)	2008年(%)	2009年(%)	全部(%)	2007年(%)	2008年(%)	2009年(%)
股东1	37.3	36.8	37.3	37.8	50.1	47.2	51.6	51.1
股东2~5	15.9	16.1	15.9	15.8	38.3	32.0	41.3	40.8
股东2	8.9	8.9	8.9	8.8	27.8	23.6	30.0	29.5
股东3	3.6	3.6	3.6	3.6	6.8	5.2	7.2	7.7
股东4	2.0	2.1	2.0	2.0	2.3	2.0	2.5	2.4
股东5	1.4	1.5	1.4	1.4	1.5	1.2	1.7	1.6

4.3.2 实证结果

Logit回归模型对多重共线性较为敏感,当变量之间相关程度较高时,样本的较小变化将会带来系数估计的较大变化,从而降低模型的效果。为此,首先检验了变量之间的相关性。其中,*TOPL*和*TOPH*的相关系数为0.449,*TOPL*和*BALANCE*的相关系数为−0.650,其余变量之间的相关系数都在0.3以下。为了避免变量相关关系产生的多重共线性问题使回归结果失真,采用多个模型进行回归,并进行比较分析。

表4-5　模型回归结果

变　量	预期符号	模型1	模型2	模型3	模型4	模型5
C	不确定	−0.0881 (−0.872) [0.383]	0.225 (2.118) [0.034]	0.130 (1.934) [0.053]	0.238 (3.338) [0.000]	−0.253 (−1.481) [0.139]

（续表）

变　量	预期符号	模型1	模型2	模型3	模型4	模型5
CROSS	－	－1.502 (－5.974) [0.000]	－1.248 (－4.929) [0.000]	－1.357 (－5.363) [0.000]	－1.288 (－5.064) [0.000]	－1.400 (－5.450) [0.000]
TOPL	＋	－0.161 (－0.554) [0.580]	0.375 (1.250) [0.211]	—	—	1.200 (3.163) [0.002]
TOPH	－	－4.027 (－5.281) [0.000]	－4.006 (－5.237) [0.000]	—	－3.167 (－4.483) [0.000]	－4.007 (－5.229) [0.000]
BALANCE	－	—	—	0.220 (3.594) [0.000]	0.133 (2.082) [0.037]	0.288 (3.569) [0.000]
GOV	＋	—	－0.848 (－12.554) [0.000]	－0.801 (－11.685) [0.000]	－0.803 (－11.670) [0.000]	－0.802 (－11.646) [0.000]

注：小括号内为 Z 统计量，中括号内为伴随概率。

表4-5给出了模型回归结果，结果说明4个问题。①无论采用何种模型，变量 *CROSS* 的系数为负值，且在1％水平下显著，这说明交叉上市与控股股东占用公司资金发生概率呈显著负相关关系，意味着公司在内地和香港两地市场进行交叉上市能够限制控股股东占用公司的资金，可以更有效地保护投资者的利益，假设一得到验证。②变量 *TOPL* 的系数在各模型中有正值也有负值，而且有的模型显示系数不显著，表明控股股东持股比例处于较低水平时，其占用公司资金发生的概率并没有显著变化，与研究假设不符合。但当控股股东持股比例超过50％时，即持股比例处于较高水平时，各模型中变量 *TOPH* 的系数都为负值，而且在1％水平下显著，说明控股股东在较高的持股水平时其占用公司资金行为发生的概率会减少，可见一股独大并非是坏事，假设二的后半部分得到验证。③股权制衡度变量 *BALANCE* 的系数在各模型中均表现为正值，而且在5％水平下显著，这与研究假设不符。结合本章股权结构的统计，可能的解释是，在上市公司中，当第二～第五大股东持股比例之和高时，第一大股东的持股比例就处于相对低的水平，公司

股权结构分散，削弱了第一大股东的权力，但也使公司的决策能力受到了影响，导致公司的治理结构不合理，控股股东侵占公司资金行为发生的概率增加。④国有控股变量 *GOV* 的系数在各模型中均表现为负值，且在 1%水平下显著，也与研究假设不符。这说明在中国，国有控股的公司还是有利于保护投资者利益。在中国国有控股公司中，其持股比例大都处于相当高的水平，这与 *TOPH* 的系数为负是可以相互呼应的。

4.3.3 结果分析

公司治理问题一直是资本市场关注的一个热门话题。现代企业制度在中国经过多年的实践，中国公司的治理水平在逐步提高。从本章的统计可以看出，控股股东占用公司资金的公司比例 3 年的均值是 43.6%，比王俊秋(2006)得到的 59.84%下降了很多。但 43.6%的比例也说明在目前中国的上市公司中仍然存在较多的控股股东侵害投资者利益的行为，公司内部治理机制还不能有效发挥作用，投资者保护水平仍然处于较低水平。

在公司内部治理机制还不能充分发挥保护投资者利益的功能时，那么通过外部机制来改善公司治理、提高投资者保护水平是一种很好的选择。本章的研究表明，中国公司通过在香港市场进行交叉上市，接受更严格的市场监督，促进公司不断改善公司治理水平，限制控股股东占用公司的资金的“隧道行为”，有助于投资者利益的保护。

同时本章还考察了控股股东的持股比例和性质、股权制衡度对控股股东占用公司资金发生的概率的影响，得出了一些新的经验证据。这些现象还值得我们去深入探讨，对中国上市公司所有权结构改革也有相应的借鉴意义。

4.4 本章小结

本章以中国上市公司为研究样本，考察了交叉上市对公司治理的影响。首先本章简要介绍了公司治理的内涵，并指出现阶段公司治理的主要研究方向。本章还从公司治理的内部和外部两个方面简要分析了中国公司在公司治理存在的问题，同时结合中国内地和香港法律方面的差异，说明了以投资者保护为核心的公司治理问题在两地市场的差异。

本章采用控股股东对公司资金占用量作为衡量投资者保护水平的变量来考察交叉上市公司的公司治理变化，通过交叉上市公司、非交叉上市公司的控股股东占用公司资金的统计比较分析和实证分析，本章得出这样的结论：公司通过交叉上市能够限制控股股东占用公司的资金的行为，从而表明交叉上市改善了公司的治理水平，提高了对投资者利益的保护。本章还结合中国公司的实际情况，考察了控股股东持股比例、股权制衡度以及国家控股等对公司治理的影响，认为控股股东持股比例处于较高水平时，其占用公司资金的行为会减少，一股独大在中国并非坏事。本章的实证结果还认为国有控股公司在当前条件下有利于保护投资者的利益。另外，股权制衡度在中国上市公司中对投资者保护并没有起到促进作用，其中的缘由还有待进一步探讨。

第5章　交叉上市对公司经营绩效的影响研究

公司交叉上市一般在发展中国家与发达国家的市场之间进行，亦即在新兴市场与成熟市场之间进行。新兴市场的公司之所以选择相对成熟的市场作为交叉上市地点，是因为成熟市场所具有相对完善的法律体系、更严格的监管机制、更规范的信息披露要求等。因此，这些交叉上市公司在公司内部治理机制上更完善，有利于保护投资者利益。上一章，本书考察了中国交叉上市公司的公司治理情况，研究表明，中国公司通过在内地和香港两地市场上交叉上市，能够在更大程度上限制控股股东占用公司资金的行为，反映了这些交叉上市公司比国内非交叉上市公司在公司治理上的改善。那么这些公司治理水平的提高是否也带动公司经营绩效的提高呢？本章继续从公司的角度出发，考察交叉上市对公司经营绩效的影响。

5.1　问题提出

5.1.1　公司治理与经营绩效

公司治理与经营绩效是公司经营中的两大主题，也是市场内人士和学术界关心的问题。有关公司治理与经营绩效之间关系的讨论，学者们从不同的角度进行探讨，没有得出一致的结论。

有学者从公司股权结构的角度考察公司治理与经营绩效之间的关系，研究结果没有得出一致的结论。Demsetz 和 Lehn(1985)的研究发现，上市公司内部股权集中程度和公司业绩之间并没有直接联系。然而 Cho(1998)的研究却发现,公司的投资决策与公司股权结构有直接联系,股权结构较为集中的公司善于抓住投资机会,因此公司的业绩更好。国内学者也对中国上市公司的情况作了考察。许小年、王燕(1999)根据中国上市公司股权结构复杂的特点,将上市公司按不同的股权结构进行分类,比较分析了它们的经营绩效,研究发现,业绩好的公司其内部法人股所占比重高。赵景文、于增彪(2005)也采用对比分析的方法考察了股权制衡与公司业绩之间的关系,研究结果发现,股权制衡公司的业绩比总资产规模相近、同行业的"一股独大"的公司要差。

有学者从公司高层管理人员的激励机制角度考察其对公司经营绩效的影响。Mock,Shleifer 和 Vishny(1988)发现,公司管理层持股比例与公司赢利能力之间不是线性关系,而是呈现"倒 U 型"的曲线关系。魏刚(2000)对中国上市公司的情况进行了考察,研究发现中国上市公司高管人员持股比例较低时,与公司的业绩有明显的相关关系,但持股比例越高,与公司业绩的相关性越差。于东智(2003)用净资产收益率和主营业务利润作为公司经营绩效的指标,考察其与公司董事持股比例之间的关系,研究发现,公司董事的持股比例(人均与总和)越高,公司的业绩越好。

也有学者从董事会结构的角度对公司经营绩效进行考察。Conyon(1998)的研究结果显示,董事会人数越多,上市公司净资产收益率越低。Baysinger 和 Butler(1985)的研究结果表明,上市公司中独立董事人数越多,公司的业绩越好,独立董事发挥了有效的作用。王跃堂(2006)对中国上市公司的研究结果支持了 Baysinger 和 Butler(1985)的结论,认为更多的独立董事有助于提高公司绩效。但也有不同的结论。李常青和赖建清(2004)研究结果表明,中国上市公司中,独立董事占董事会的比例较低的公司,其业绩反而更好。还有学者从公司规模、资本结构等角度考察其对公司绩效的影响。李维安(2006)的研究表明,公司规模与资产收益率显著正相关,而资产负债率与每股收益显著负相关。

上述学者从不同角度考察了公司治理与经营绩效之间的关系,但并没有得出一致的结论,它们之间并不是简单的相互促进关系,公司治理结构的改善不一定导致经营绩效的提高。影响公司经营绩效的原因是复杂的,不仅仅只与公司治理有关。

5.1.2 交叉上市公司的经营绩效

从第2章国内外交叉上市研究进展中可以看出,国外学者对交叉上市公司研究,几乎一致认为,公司通过在相对成熟的市场交叉上市,受到更严格的司法约束和市场监管,公司治理水平得到改善,但对公司交叉上市后的长期表现,相关文献得出的结论表明公司交叉上市后的业绩下滑明显。King和Segal(2004)考察了在美国交叉上市的外国公司的股票价格变化趋势,研究结果表明并不是所有的公司都从公司交叉上市中得到好处,有的公司在交叉上市之后,股价却下降了。King和Segal(2005)用托宾Q值来考察公司交叉上市后的表现,他们发现,在美国市场交叉上市的加拿大公司仅仅在交叉上市后一段短暂的时期里有价值增长,在交叉上市后不到2年的时间内,价值增长就消失了。Durand,Gunawan和Tarca(2006)以81家澳大利亚公司为研究样本,考察了这些公司交叉上市之后的经营绩效变化情况。他们发现这些公司在交叉上市之后,并没有像投资者预期那样获得了高增长,相反,这些公司在交叉上市后3年内,公司的超常收益率为负值。其他的研究得出了类似的结论,无论是新兴市场上的公司还是成熟市场上的公司。

相关的研究也对这些交叉上市公司业绩下滑的原因进行了考察,如从市场分割的角度、交叉上市时机的角度、市场投资者预期的角度、交叉上市成本的角度等进行了分析。总之,公司交叉上市后的不佳表现并没有给投资者带来预期的回报。

5.1.3 中国交叉上市公司的情况

中国的一些公司在多个市场进行交叉上市,这些中国公司的国家背景和超大规模等特点,其一举一动都会引起整个市场的热议。从整体上讲,中国交叉上市公司都是相对优质的资产,投资者对这些公司寄予很大的厚望,期望能从对这些公司的投资中得到丰厚的回报。有许多理由让中国投资者更愿意购买这些交叉上市公司的股票:如公司的"国字号"背景、公司业务的垄断性、公司的规模庞大、公司治理结构良好等。然而真正给投资者带来回报的是公司业绩的提高，从公司的角度讲，只有公司的业绩提高了，公司的价值才能上升，也才能给投资者带来收益。

上一章研究结果表明，中国公司交叉上市能够限制控股股东侵占公司资金，更好地保护投资者的利益，说明公司治理水平相对于其他的非交叉上市公司有很大的改善。这些有着特殊背景的中国交叉上市公司，其内部的治理结构确实改善了，给了投资者一个正面的信号，那么这些公司的经营绩效又是如何的呢？本章拟通过建立一个多变量的绩效评价体系，用实证方法考察中国公司交叉上市后公司经营绩效变化，为公司、投资者和相关管理部门决策提供科学的依据。

5.2 研究设计

5.2.1 研究方法的选择

有关上市公司经营绩效研究文献很多，学者们从不同角度、用不同方法进行了深入研究。在公司经营绩效指标的选择上，有学者选择单一的指标，如*EVA*、*EPS*、*ROE*、托宾*Q*值等。单一指标数据容易得到，也很容易得出结论，但单一指标的缺陷是不能全面、客观反映上市公司的经营绩效，因为某一指标仅仅反映公司业绩某一个方面而已，各个指标反映的侧重点有所不同，不同指标的选择往往得出不一致的结论。有学者选择多个财务指标，建立综合评价体系。用多个指标综合评价公司业绩得出的结论显然更客观、更合理，但多指标综合评价体系在数据可得性上相对难一些。另外，多指标综合评价体系在数据处理上显得复杂，各指标之间往往存在严重的多重共线性，增加了分析难度。为了得出更客观的结论，学者们更多采用多个指标来综合考察公司经营绩效的变化。为了降低多个指标分析的难度，又不失研究结论的准确性，在处理多个指标时，往往采用降维的方法，根据研究的需要，将所选择的多个指标的信息反映在几个主要指标上。

主成分分析(Principal Components Analysis，PCA)方法是一种研究多

个指标的常用方法。该方法能够把多个指标转化为几个主要综合指标，又能够把数据信息损失控制在研究需要的范围之内。本章采用多个财务指标，运用主成分分析方法来考察中国交叉上市公司经营绩效的变化。

5.2.2 主成分分析方法

主成分分析方法的原理就是把原来多个变量所包含的信息反映在少数几个综合指标上，并把信息损失控制在一定范围之内的一种数学降维处理技术。

设有 n 个指标，每个指标又有 p 个变量，全部的变量构成了一个 $n\times p$ 阶数据矩阵

$$X=\begin{bmatrix} x_{11} & x_{12} & \cdots & x_{1p} \\ x_{21} & x_{22} & \cdots & x_{2p} \\ \cdots & \cdots & \cdots & \cdots \\ x_{n1} & x_{n2} & \cdots & x_{np} \end{bmatrix} \tag{5-1}$$

当 n 和 p 都比较大时，要从全部 $n\times p$ 个变量中发现事物的规律，有一定的难度，需要用降维的方法来克服。降维原则是把原来 n 个指标转化为较少的几个综合指标，但这些综合指标要尽可能把原来 n 个指标所包含的信息反映出来，即这些少数的综合指标能够使原来指标所包含的信息损失最少，而且这些少数综合指标之间彼此独立。为了满足这种综合指标的转化原则，可以选取原变量指标的线性组合构成新的综合指标，通过一定系数调整，也可以使这些新综合指标之间不相关。

原变量指标记为 $x_1,x_2,\cdots,x_p,z_1,z_2\cdots z_m(m\leqslant p)$ 为新的综合指标，则原变量指标通过线性转化为

$$\begin{cases} z_1=c_{11}x_1+c_{12}x_2+\cdots+c_{1p}x_p \\ z_2=c_{21}x_1+c_{22}x_2+\cdots+c_{2p}x_p \\ \cdots \\ z_m=c_{m1}x_1+c_{m2}x_2+\cdots+c_{mp}x_p \end{cases} \tag{5-2}$$

为了满足综合指标的要求，上式中系数 c_{ij} 可以按照下面方法来决定：

z_1 在 $x_1,x_2,\cdots,x_p$ 的线性变换中具有最大的方差；z_2 是与 z_1 相互独立的，而且在 $x_1,x_2,\cdots,x_p$ 的线性变换中具有最大的方差；…；z_m 是与 $z_1,z_2,\cdots,z_{m-1}$ 相互独立的，而且在 $x_1,x_2,\cdots,x_p$ 线性变换中具有最大的方差。由这种方法决定的新综合指标 $z_1,z_2,\cdots,z_m$ 被称为原变量指标 $x_1,x_2,\cdots,x_p$ 的第一，第二，…，第 m 主成分。其中，z_1 在 $x_1,x_2,\cdots,x_p$ 的全部线性组合的总方差中占的比例最大，$z_2,z_3,\cdots,z_m$ 的方差逐次递减。实际操作过程中，往往只要选取前面几个方差比重较大的主成分就够了。

从上面主成分的确定方法可以看出，主成分分析方法的实质就是确定原来变量 $x_j(j=1,2,\cdots,p)$ 在各个主成分 $z_i(i=1,2,\cdots,m)$ 上的载荷 $c_{ij}(i=1,2,\cdots,m;j=1,2,\cdots,p)$。从数学上可以证明，它们分别是 $x_1,x_2,\cdots,x_p$ 相关矩阵中 m 个较大特征值所对应的特征向量。

主成分分析法计算步骤如下：

(1) 计算相关系数矩阵。

记为变量 x_i 与 x_j 的相关系数为 $r_{ij}(i,j=1,2,\cdots,p)$，则

$$r_{ij}=\frac{\sum_{k=1}^{n}(x_{ki}-\overline{x}_i)(x_{kj}-\overline{x}_j)}{\sqrt{\sum_{k=1}^{n}(x_{ki}-\overline{x}_i)^2\sum_{k=1}^{n}(x_{kj}-\overline{x}_j)^2}} \tag{5-3}$$

由 r_{ij} 组成的矩阵 R，则

$$R=\begin{bmatrix} r_{11} & r_{12} & \cdots & r_{1p} \\ r_{21} & r_{22} & \cdots & r_{2p} \\ \cdots & \cdots & \cdots & \cdots \\ r_{p1} & r_{p2} & \cdots & r_{pp} \end{bmatrix} \tag{5-4}$$

从相关系数 r_{ij} 的对称性(即 $r_{ij}=r_{ji}r_{ij}=r_{ji}$)可知 R 是实对称矩阵，只需计算其上三角(或下三角)元素即可。

(2) 计算特征值和特征向量。

特征方程 $|R-\lambda I|=0$，解之，得特征值 $\lambda_i(i=1,2,\cdots,p)$。

令 $\lambda_1\geqslant\lambda_2\geqslant\cdots\geqslant\lambda_p>0$；求出特征值 λ_i 对应的特征向量 $e_i(i=1,2,\cdots,p)$。

其中，$\|e_i\|=1$，而且 $\sum_{j=1}^{p}e_{ij}^2=1$

(3) 计算主成分贡献率和累计贡献率。

贡献率：
$$\frac{\lambda_i}{\sum_{j=1}^{p}\lambda_j \times 100\%} \tag{5-5}$$

累计贡献率：
$$\frac{\sum_{i=1}^{m}\lambda_i}{\sum_{j=1}^{p}\lambda_j \times 100\%} \tag{5-6}$$

实际操作中，累积贡献率一般达到85%以上即可，当然可以根据实际研究需要加以确定。$\lambda_1, \lambda_2, \cdots, \lambda_m$ 所对应的是第一，第二，…，第 $m(m \leqslant p)$ 个主成分。

(4) 计算主成分载荷。

$$c_{ij} = p(z_k, x_i) = \sqrt{\lambda_k} e_{ij} \quad (i, k = 1, 2, \cdots, p) \tag{5-7}$$

其中，e_i 是 λ_i 对应的特征向量。由此，可进一步计算主成分得分

$$Z = \begin{bmatrix} z_{11} & z_{12} & \cdots & z_{1m} \\ z_{21} & z_{22} & \cdots & z_{2m} \\ \cdots & \cdots & \cdots & \cdots \\ z_{n1} & z_{n2} & \cdots & z_{nm} \end{bmatrix} \tag{5-8}$$

5.2.3 指标的选择和数据来源

为了能更加全面反映中国交叉上市公司的经营绩效，应该尽可能多地选取财务指标。根据财务指标特点，本章从4个方面——盈利能力、营运能力、偿债能力和成长能力，一共选择了8个财务指标。建立经营绩效评价指标体系，如表5-1所示。

表 5-1 经营绩效评价指标体系

类　型	代码	名　称	指标正逆性	计算公式
盈利能力	A_1	净资产收益率	正	本期净利润/期末净资产
	A_2	资产净利率	正	本期净利润/本期平均资产总额
营运能力	B_1	股东权益周转率	正	本期销售收入/本期平均股东权益
	B_2	总资产周转率	正	本期主营业务收入/本期平均总资产

（续表）

类　型	代码	名　称	指标正逆性	计算公式
偿债能力	C_1	资产负债率	负	期末总负债/期末总资产
	C_2	有形净值债务率	负	期末负债总额/期末有形资产净值
成长能力	D_1	营业利润增长率	正	本期利润增长额/上期营业利润总额
	D_2	总资产增长率	正	本期总资产增长额/期初资产总额

考虑到金融类公司财务报表的特殊性，本章选择金融类公司与非金融类公司共同具有的，且又能反映公司业绩的财务指标。同时为了尽量增加更多的样本，本章选择了交叉上市当年和交叉上市后两年一共 3 年的财务指标数据。本章研究所需要的数据来自于 RESSET 金融数据库，剔除了新近交叉上市、无法得到 3 年财务数据的公司，共得到 50 家交叉上市公司 3 年的财务指标数据。

5.3　实证结果与分析

5.3.1　财务指标统计分析

本章考察了中国公司在交叉上市后（包括交叉上市当年）共 3 年内经营业绩变化。记当年为基年 0，此后两年定为 1，2。表 5-2 为财务指标均值和中位数统计。

表 5-2　财务指标的均值和中位数统计

		A_1	A_2	B_1	B_2	C_1	C_2	D_1	D_2
$t=0$	均值	0.106	0.061	1.252	0.519	0.489	2.754	0.401	0.309
	中位数	0.103	0.053	0.104	0.421	0.453	0.881	0.203	0.232
$t=1$	均值	0.077	0.035	1.123	0.481	0.515	3.262	−0.115	0.153
	中位数	0.090	0.032	0.851	0.414	0.504	1.144	−0.023	0.091
$t=2$	均值	0.033	0.023	1.217	0.469	0.545	3.955	−1.403	0.120
	中位数	0.073	0.025	0.893	0.427	0.539	1.301	0.045	0.113

从反映公司盈利能力状况的净资产收益率（A_1）指标看，均值和中位数在 3 年的时间里都呈现逐年下滑的趋势，均值从交叉上市当年的 0.106 依次

递减为 0.077 和 0.033，中位数则从 0.103 依次递减为 0.090 和 0.073。从表 5-2 还可以看出，正向指标中，除股东权益周转率(B_1)的均值和中位数在交叉上市第二年有所回升外，其余指标中，均值都逐年下降。营业利润增长率(D_1)和总资产增长率(D_2)下滑更为明显，均值和中位数都从正值逐年下降为交叉上市第二年的负值。偿债能力方面的两个指标资产负债率和有形净值债务率为负向指标，不管是均值还是中值都呈现出逐年递增的明显趋势。以资产负债率(C_1)为例，均值从交叉上市当年的 0.489 逐渐上升为 0.515 和 0.545，中位数则从 0.453 逐渐上升为 0.504 和 0.539，如表 5-2 所示。从有形净值债务率(C_2)看，数值变化更明显。从均值看，有形净值债务率(C_2)从交叉上市当年的 2.754 上升为 3.262 和 3.955。

从以上财务指标统计分析中可以初步认为交叉上市之后公司经营绩效下滑，仅有个别财务指标出现好转的情况。

5.3.2 实证结果

1）数据处理

表 5-1 中，在 8 个具体财务指标中，有正向指标也有负向指标，需要对财务指标进行趋同化处理。本书处理如下：将资产负债率和有形净值债务率两个负向指标取其倒数，替代原来指标；接着，对新的 8 个指标进行标准化处理，使其量纲一致，缩小数量间的差距，标准化处理公式如下

$$X_{ij} = \frac{(Y_{ij} - EY_{ij})}{\sqrt{DY_{ij}}} \tag{5-9}$$

且

$$EY_{ij} = \frac{1}{n}\sum_{i=1}^{n} Y_{ij} \tag{5-10}$$

$$DY_j = \frac{1}{n-1}\sum_{i=1}^{n} (Y_{ij} - EY_j)^2 \tag{5-11}$$

其中，$i=1,2,3,\cdots,n$；$j=1,2,3,\cdots,8$；Y_{ij} 是趋同化后的指标；X_{ij} 是标准化后的指标。

2）确定相关系数矩阵

对 X_{ij} 进行相关分析，相关系数如表 5-3 所示。

表 5-3　指标之间的相系数表

	X_1	X_2	X_3	X_4	X_5	X_6	X_7	X_8
X_1	1							
X_2	0.748	1						
X_3	−0.036	−0.031	1					
X_4	−0.002	0.244	0.732	1				
X_5	−0.030	0.300	0.358	−0.064	1			
X_6	−0.030	0.303	0.365	0.064	0.997	1		
X_7	0.461	0.400	0.056	0.010	−0.034	−0.031	1	
X_8	0.271	0.234	0.099	−0.032	−0.190	−0.188	0.380	1

从相关系数矩阵可以看出，X_1、X_2 之间的相关系数为 0.748，X_3、X_4 之间的相关系数为 0.732，X_5、X_6 之间的相关系数为 0.997，可见这 3 对财务指标之间具有很强的相关关系，信息具有重叠性，可以进行主成分分析。

3）主成分提取

对公司在交叉上市后的 3 年所组成的 150 个样本进行主成分分析，8 个指标共提取 4 个主成分，其特征根、贡献率、因子载荷如表 5-4 所示。

从表 5-4 可以看出，前 4 个特征根累积方差贡献率达到了 88.5%，说明这 4 个主成分已经包含了原来 8 个财务指标全部信息量的 88.5%。88.5% 的信息量足以反映公司业绩的真实情况，因此本书确定主成分个数为 4 个。从表中特征向量具体数字还可以看出各个主成分的实际经济含义，如：第一主成分中 X_5、X_6 数值比较大，说明这个主成分主要体现了偿债能力和营运能力的信息；第二主成分中盈利能力指标和成长能力指标的系数比较大，主要体现了盈利能力和成长能力的信息。

表 5-4 主成分特征向量、特征值和方差贡献率

		主成分 1	主成分 2	主成分 3	主成分 4	主成分 5	主成分 6	主成分 7	主成分 8
特征向量	X_1	0.139	0.537	−0.143	−0.471	0.135	0.444	0.484	0.003
	X_2	0.290	0.512	0.143	−0.270	0.231	−0.337	−0.627	−0.001
	X_3	−0.410	0.183	0.499	0.147	−0.067	0.631	−0.354	0.016
	X_4	−0.208	0.200	0.684	0.021	0.037	−0.467	0.478	−0.011
	X_5	0.580	−0.088	0.270	0.219	−0.012	0.187	0.060	−0.704
	X_6	0.581	−0.087	0.268	0.219	−0.012	0.161	0.073	0.709
	X_7	0.058	0.470	−0.168	0.279	−0.811	−0.110	0.012	−0.003
	X_8	−0.087	0.375	−0.263	0.713	0.514	−0.015	0.096	−0.002
特征值		2.444	2.304	1.545	0.784	0.571	0.238	0.112	0.003
贡献率		0.306	0.288	0.193	0.098	0.071	0.030	0.014	0.000
累积贡献率		0.306	0.594	0.787	0.885	0.956	0.986	0.999	1.000

4）综合评价

根据特征向量，4 个主成分的线性组合如下

$$\begin{aligned} Z_1 =& 0.139X_1 + 0.290X_2 - 0.410X_3 - 0.208X_4 + \\ & 0.580X_5 + 0.581X_6 + 0.058X_7 - 0.087X_8 \end{aligned} \tag{5-12}$$

$$\begin{aligned} Z_2 =& 0.537X_1 + 0.512X_2 + 0.183X_3 + 0.200X_4 - \\ & 0.088X_5 - 0.087X_6 + 0.470X_7 + 0.375X_8 \end{aligned} \tag{5-13}$$

$$\begin{aligned} Z_3 =& -0.143X_1 + 0.143X_2 + 0.499X_3 + 0.684X_4 + \\ & 0.270X_5 + 0.268X_6 - 0.168X_7 - 0.263X_8 \end{aligned} \tag{5-14}$$

$$\begin{aligned} Z_4 =& -0.471X_1 - 0.270X_2 + 0.147X_3 + 0.021X_4 + \\ & 0.219X_5 + 0.279X_6 + 0.713X_7 + 0.713X_8 \end{aligned} \tag{5-15}$$

将主成分各自贡献率作为权数，综合评价函数如下

$$\begin{aligned} & F_i = 0.306Z_{i1} + 0.288Z_{i2} + 0.193Z_{i3} + 0.098Z_{i4} \\ & i = 1,2,3,\cdots,150 \end{aligned} \tag{5-16}$$

其中，F_i 是第 i 个公司业绩的综合得分。

根据评价函数(5-16)，各公司的得分如表 5-5 所示。

表 5-5　50 家交叉上市公司各年业绩综合得分

序号	A 股简称	A 股代码	H 股代码	行业	模式	$t=0$	$t=1$	$t=2$
1	中兴通讯	000063	0763	G	3	0.568	0.243	0.115
2	东北电气	000585	0042	C7	1	0.045	−0.422	−0.331
3	经纬纺机	000666	0350	C7	1	0.538	0.143	0.441
4	新华制药	000756	0719	C8	1	0.235	0.095	0.095
5	鞍钢股份	000898	0347	C6	1	1.532	0.396	0.569
6	科龙电器	000921	0921	C7	1	0.544	−1.269	−2.271
7	华能国际	600011	0902	D	1	0.086	0.129	0.412
8	皖通高速	600012	0995	F	1	−0.114	−0.087	0.196
9	中海发展	600026	1138	F	1	0.118	0.559	1.077
10	华电国际	600027	1071	D	1	−0.2	−0.119	−0.34
11	中国石化	600028	0386	B	1	0.048	0.036	0.281
12	南方航空	600029	1055	F	1	−0.521	−0.16	−0.746
13	招商银行	600036	3968	I	3	−0.576	−0.348	−0.421
14	东方航空	600115	0670	F	1	−0.436	−0.921	−0.564
15	兖州煤业	600188	1171	B	1	0.999	0.716	0.733
16	广州药业	600332	0874	C8	1	0.669	0.495	0.456
17	江西铜业	600362	0358	C6	1	−0.388	0.016	0.6
18	宁沪高速	600377	0177	F	1	1.278	1.807	1.061
19	深高速	600548	0548	F	1	0.036	−0.084	0.773
20	海螺水泥	600585	0914	C6	1	0.001	0.409	0.27
21	青岛啤酒	600600	0168	C0	1	1.287	0.1504	0.085
22	广船国际	600685	0317	C7	1	0.067	0.175	−0.024
23	上海石化	600688	0388	C4	1	−0.067	0.454	0.598
24	南京熊猫	600775	0553	G	1	0.41	−1.082	−2.235
25	昆明机床	600806	0300	C7	1	0.429	0.348	0.406

（续表）

序号	A股简称	A股代码	H股代码	行业	模式	$t=0$	$t=1$	$t=2$
26	鞍钢股份	600808	0323	C6	1	−0.032	−0.427	−0.369
27	北人印刷	600860	0187	C7	1	1.308	1.111	0.909
28	仪征化纤	600871	1033	C4	1	0.192	−0.371	−0.407
29	创业环保	600874	1065	K	1	−0.088	−0.418	−0.399
30	东方电气	600875	1072	C7	1	−0.153	−0.384	−0.439
31	洛阳玻璃	600876	1108	C6	1	0.276	−0.428	−1.219
32	重庆钢铁	601005	1053	C6	1	0.37	0.447	−0.213
33	中国神华	601088	1088	B	1	0.422	0.33	0.344
34	中国国航	601111	0753	F	1	0.054	−0.121	−1.469
35	中国平安	601318	2318	I	1	−0.129	−0.699	−0.106
36	交通银行	601328	3328	I	1	−0.546	−0.483	−0.534
37	广深铁路	601333	0525	F	1	0.922	0.346	0.185
38	中国中铁	601390	0390	E	2	0.384	−0.058	0.445
39	工商银行	601398	1398	I	2	−0.679	−0.608	−0.582
40	北辰实业	601588	0588	J	1	0.109	−0.3048	−0.441
41	中国铝业	601600	2600	C6	1	0.708	−0.303	−1.07
42	中国人寿	601628	2628	I	1	−0.159	−0.411	−0.22
43	中海油服	601808	2883	B	1	1.012	0.668	−0.24
44	中国石油	601857	0857	B	1	1.048	0.708	0.372
45	中海集运	601866	2866	F	1	0.845	−0.274	−2.119
46	中国远洋	601919	1919	F	1	1.494	0.519	−0.949
47	建设银行	601939	0939	I	1	−0.548	−0.543	−0.487
48	中国银行	601988	3988	I	1	−0.686	−0.649	−0.628
49	大唐发电	601991	0991	D	1	−0.116	−0.173	−0.503
50	中信银行	601998	0998	I	2	−0.501	−0.634	−0.531

注：交叉上市模式中，1、2、3分别表示“先H后A”、“A+H同步”和“先A后H”模式。

5.3.3 结果分析与原因查找

1）结果分析

表 5-6 给出了全部公司业绩得分描述性统计。

表 5-6　全部公司业绩得分描述性统计

指　标	$t=0$	$t=1$	$t=2$
均　值	0.242	−0.035	−0.207
中位数	0.097	−0.108	−0.230
最大值	1.532	1.807	1.077
最小值	−0.686	−1.269	−2.271
标准差	0.591	0.562	0.770

从表 5-6 可以看出，总体上，公司在交叉上市后的 3 年时间里，公司的业绩是下滑的。从均值看，公司在交叉上市的当年和此后的两年中，公司业绩得分分别是 0.242、−0.035 和−0.207，下滑明显。从中位数看，3 年的业绩得分分别是 0.097、−0.108 和−0.230，也明显下滑。除了少数几家公司，如上海石化、江西铜业、华能国际、皖通高速和中海发展等几家公司在交叉上市后的业绩有改善外，其余的公司业绩几乎都表现出下滑的趋势。

为了更加深入分析，下面从行业和交叉上市模式进行分类来分析。表 5-7 给出了按行业分类的公司业绩均值统计，表 5-8 给出了按交叉上市模式的公司业绩均值统计。

表 5-7　按行业分类的公司业绩均值统计

行业分类	公司数	指标	$t=0$	$t=1$	$t=2$
B 采掘	5	均值	0.706	0.492	0.298
C 制造业	19	均值	0.398	0.018	−0.147
C0 食品饮料	1	均值	1.287	0.1504	0.085
C4 石油化学	2	均值	0.062	0.042	0.096
C6 金属非金属	7	均值	0.352	0.016	−0.205

(续表)

行业分类	公司数	指标	$t=0$	$t=1$	$t=2$
C7 机械设备	7	均值	0.397	−0.083	−0.313
C8 医药生物	2	均值	0.452	0.295	0.276
D 电力	3	均值	−0.077	−0.054	−0.143
E 建筑	1	均值	0.384	−0.058	0.445
F 交通运输	10	均值	0.368	0.158	−0.256
G 信息技术	2	均值	0.489	−0.420	−1.060
I 金融保险	8	均值	−0.478	−0.547	−0.438
J 房地产	1	均值	0.109	−0.305	−0.441
K 社会服务	1	均值	−0.088	−0.418	−0.399

表 5-8 按照交叉上市模式分类的公司业绩均值统计

交叉上市模式	公司数	指标	$t=0$	$t=1$	$t=2$
先 H 后 A	45	均值	0.287	−0.008	−0.208
A+H 同步	3	均值	−0.265	−0.433	−0.223
先 A 后 H	2	均值	−0.004	−0.053	−0.153

从表 5-7 可以看出，按照行业分类，各行业的业绩也基本表现出下滑趋势，只有金融保险业在交叉上市后的第二年业绩有所回升。从得分看，采掘业的得分是正值，而电力、金融保险、社会服务的得分都为负值。从下滑的速度看，金融保险业相对平稳，制造业的业绩下滑较快，特别是机械设备行业，制造业在交叉上市公司中比例最大，业绩下滑也较快，信息技术业中南京熊猫上市后业绩大幅下滑，建筑业只有一家中国中铁，交叉上市后该公司业绩第一年大幅下滑，第二年则大幅回升。按照交叉上市模式分类看，如表 5-8 所示，“先 H 后 A”一组的业绩下滑最快。“A+H 同步”一组在交叉上市后第二年业绩有所回升，这组公司只有 3 家，中国中铁业绩起伏较大，其余两家金融类公司业绩相对平稳。“先 A 后 H”一组的业绩也表现出下滑趋势。由于后两组受到样本数量限制，可能影响了分析结果。

2）业绩下滑的原因分析

公司交叉上市后业绩下滑可能的原因有以下 4 个：

第一，交叉上市增加了公司的经营成本。公司在两个不同市场交叉上市，自然增加了公司的经营成本，包括交叉上市成本和后续管理成本。从“先 H 后 A”模式的交叉上市公司 A 股发行费用看，这些公司 A 股上市的发行费用除了少数几家公司只有几百万元人民币外，大部分公司的融资成本都是好几千万。其中一些超大型的公司融资费用更是惊人，中国远洋在 A 股上市的发行费用是 2.5 亿元人民币，中国银行在 A 股的发行费用达到 5.5 亿元人民币。这些公司融资成本占 A 股融资总额的均值是 2.6%，比例不低。近几年出现的“A+H 同步”模式和“先 A 后 H”模式交叉上市的公司都是一些超大型的公司，它们在 A 股的融资成本均值达到了 6.2 亿元人民币，在 H 股的融资成本均值是 11.3 亿人民币。其中工商银行在 A 股的发行费用达到 10.7 亿元人民币，在 H 股的发行费用更是达到 22.9 亿元人民币①。一些公司还在多个市场进行交叉上市，更是增加了公司的经营成本，从而影响到了公司的业绩。在后续上市管理上，每年还要缴纳相当数额的年费和上市维护费用，这些费用也直接增加了公司的经营成本。在公司经营业务无重大改善的情况下，这些成本严重影响了公司的业绩。

第二，公司融资后经营效益无法立刻显现。如前面统计分析，业绩下滑较快的行业是制造业，采掘、电力和交通运输等行业也都表现出下滑的趋势。这类公司在融资后的投资经营活动无法在一、两年之内就产生效益，因为这些行业特点，需要前期的巨大投入，生产周期较长，公司产生效益需要更长的时间，表现在经营绩效上就显现出下滑的趋势。而金融类公司由于营业网点广、收益稳定等特点，交叉上市后业绩表现就相对平稳。尽管许多文献表明公司 IPO 后业绩都表现出下滑的趋势，但就交叉上市公司而言，由于制造业、交通运输业以及采掘业等行业占了相当大的比重，这类公司都需要较长的生产周期，因此公司的业绩下滑更明显。潘岳（2007）的研究表明，

---

① 数据来源于 RESSET 金融研究数据库。

交叉上市公司比对照组公司的业绩差，但交叉上市公司的长期市场表现并没有出现明显恶化[①]。

第三，交叉上市前的人为会计操纵。中国交叉上市公司大多数为国有控股的大型公司，资金短缺的情况下，特别是在早期市场监管不规范的背景下，为了能够顺利交叉上市，进行人为的会计操纵，从而达到符合上市的条件。工商银行为了能顺利同步上市，上市前剥离了不良资产，政府还出资约1630亿美元，用于公司清理坏账，改善公司的资产负债表。这种人为会计操纵可能导致了公司交叉上市后业绩的迅速下滑。

第四，公司经营不当。业绩下滑的另一种原因是公司交叉上市后经营不当，公司缺乏明确的经营战略，更改了资金的投资方向，资金使用效率低下，导致业绩的下滑。早期的交叉上市公司这类情况较为常见，由于当时市场环境和监管不力等原因，许多公司因为经营不当导致了业绩下滑。以南京熊猫为例，公司交叉上市后将部分资金改变用途，多元化投资于其他的控制力不足的行业，如手机、电视、电池、DVD等行业，业绩都不理想。东北电气交叉上市后招股说明书中所列的投资项目几乎全部推迟，而把募集的资金存入银行。北人印刷更是违反招股承诺把募集的资金投向房地产和股市。另外由于国内外经济环境的变化，也影响了公司的业绩，比如，1997年的东南亚金融危机，2008年全球金融危机等外部经济环境恶化也直接影响了公司的业绩。

3）政策建议

对中国公司交叉上市经营绩效的研究结果表明，公司在交叉上市后的3年时间内，这些公司的业绩呈现下滑趋势。业绩下滑的原因是复杂和多方面的，交叉上市成本、效益无法立刻显现、会计操纵、经营不当等都可能是公司业绩下滑的原因。根据研究得出的结论和中国AH股交叉上市发展的实际情况，本书认为：

(1) 要正确看待交叉上市利弊。公司交叉上市行为，虽然扩展了公司融

---

① 见潘岳《中国公司双重上市行为研究》第158页。

资渠道，通过境外券商、中介机构和投资者参与，增进了海内外市场彼此间了解，扩大了国内市场国际影响力，为国内市场全面开放积累了经验，奠定了基础。然而，交叉上市后公司业绩普遍下滑也给公司本身、相关管理部门和广大投资者以警示，交叉上市并没有给公司带来长期价值的提升。公司和政府相关部门决策交叉上市时要更深思熟虑，投资者在投资决策时也应理性看待交叉上市公司。

(2) 加强对公司交叉上市后的监督约束。交叉上市公司大都是大型的国有公司，在行业内部乃至在整个国民经济中都占有着举足轻重的地位。要加强交叉上市公司的监管，提高公司信息披露的准确性、及时性和完备性，切实保护投资者利益。要促进公司经营机制转换，提高公司经营绩效，确保国有资产保值增值，优化社会资源配置。

5.4 本章小结

本章通过建立一个多变量的绩效评价体系，运用主成分分析方法考察了中国公司在交叉上市后业绩变化，并对实证结果进行了深入分析，对公司业绩下滑的原因进行了探寻。

实证研究表明，中国公司在交叉上市后一共3年的时间内，公司业绩普遍表现出了下滑的趋势，与国外研究文献得出的结论一致。本章从交叉上市公司行业分布、交叉上市模式进行了分类分析。同时本章结合中国交叉上市公司实际情况，对业绩下滑原因进行了解释，认为交叉上市的成本增加、效益无法立刻显现、交叉上市前的会计操纵和公司经营不当等都是业绩下滑的原因。本章对还对公司和政府相关部门以及投资者提出了建议，投资者应理性看待公司交叉上市行为，政府相关管理部门应该加强公司交叉上市后的监管和约束，促进公司提高经营绩效，保护投资者利益。

第6章　交叉上市的市场反应研究

前面两章从公司本身的角度考察了交叉上市的影响，主要从公司治理和经营绩效两个方面进行了实证分析。本章将从投资者角度考察公司交叉上市的影响，主要针对公司交叉上市的市场反应进行实证研究。

交叉上市的市场反应是指公司进行交叉上市的过程中，母(本)国市场或外国市场的投资者对公司交叉上市信息表现出的市场交易变化情况，主要体现在同行业公司与交叉上市公司本身的股票价格变化上。交叉上市的市场反应研究主要采用事件研究法，通过观察累积超常收益的变化来考察交叉上市事件(交叉上市公告、实际交叉上市等事件)对市场的影响程度。根据研究角度的不同，交叉上市市场反应可以分为母国市场反应和外国市场反应，现有的文献大都立足于交叉上市对母国市场影响的研究。根据具体的情况，交叉上市的市场反应还可以分为同行业公司的市场反应和交叉上市公司本身的市场反应。

关于交叉上市市场反应的研究，国外的相关文献较多，针对中国公司交叉上市市场反应的研究还很少。潘岳(2007)，董秀良、曹凤岐(2009)针对中国公司交叉上市的市场反应进行了研究，但他们的研究都是按照国际交叉上市惯例，即“先内后外”模式，考察了中国公司从H股市场回归A股市场交叉上市时的H股市场的反应，而针对中国国内市场反应的研究目前还很少。本章的研究立足中国国内A股市场，并根据中国公司交叉上市模式的不同进行分类，全面考察国内A股市场的反应。王景(2007)、陈国进，王景(2007)的研究以“先H后A”模式考察交叉上市对国内同行业公司的影响，但并没有涉及其他的模式。随着中国公司交叉上市模式的变化，不同模式的国内市场反应也应有所不同。

6.1 研究设计

6.1.1 研究方法与研究思路

事件研究法(Event Study)常用于股票研究中，考察某一事件发生对市场造成的冲击。当市场上某一个事件发生时，对市场造成冲击程度可以通过计算超常收益(Abnormal Return)来衡量。对超常收益的观察，可以了解到股价波动与该事件是否相关以及相关程度。本章同样运用事件研究法来考察中国公司交叉上市对中国市场的影响。

为了全面考察中国A股市场的反应，本章的研究思路从两个方面展开。首先，考察同行业公司的市场反应。根据公司交叉上市模式不同将同行业公司分为3组，即"先H后A"、"A+H同步"和"先A后H"3组，同时选择多个事件日来考察这些同行业公司的市场反应。其次，考察交叉上市公司本身的市场反应。针对近年来才出现"先A后H"这一与国际惯例相同的交叉上市模式，本章选择了这些公司的H股核准发行日、H股发行日和H股上市日等3个事件日全面考察了这些公司本身在A股市场的反应。同时，本章把交叉上市公司的市场反应与"先H后A"模式的H股的市场反应相类比，观察其中的异同点，分析这种异同点对国内市场的不同涵义。

6.1.2 研究区间与样本

1）事件日

事件日的选择直接关系到研究得出的结论，因此首先要确定事件日。如第2章所述的，国外研究文献对事件日的选择一直存在争议。中国公司A股上市的程序中，可查到的日期有：首次信息发布日、招股公告日、招股说明书签署日、发行公告日、发行起始日、招股意向书签署日期、发行截止日、上市公告日以及上市日等。根据交叉上市模式的不同,“先 H 后 A”和“A+H 同步”模式的事件日是针对 A 股而言的,在这两个组别里,本章选择两个事件日加以考察——A 股首次信息发布日和 A 股上市日。其中首次信息发布日与招股公告日多数重叠,为了捕捉到信息首次发布时的市场冲击,因此本章选择了首次信息发布日。根据 Foerster 和 Karolyi(1999)观点,公告日提供给市场的信息有可能是噪音信号,不能完全反映信息对市场的影响,因此在“先 H 后 A”和“A+H 同步”模式的组别里也选择实际 A 股上市日作为事件日。

中国上市公司发行 H 股需要经过中国证监会核准,在中国公司发行 H 股的程序中可查到的事件日有中国证监会核准日、H 股发行起始日和 H 股上市日。本章的目的是考察 A 股的市场反应,同时考虑到“先 A 后 H”交叉上市模式是中国近年来新出现的、与国际惯例相同的一种具有保护国内投资者利益和维护 A 股定价权的模式,因此在“先 A 后 H”模式的组别里,本章同时采用这 3 个事件日来考察 A 股市场的反应。

2) 窗口期和估计期

本章所确定的事件窗口期为事件日前后 15 天($t=-15\sim15$)共 31 天的交易日作为计算样本公司股票超常收益的期间。

估计期的选择参考 Yeh 和 Chen(2001)的研究,选取事件窗口期之前的一段时间作为估计期。估计期确定为 150 个交易日,即 $t=-165\sim-16$。这样,要求所选择的样本公司在第一个事件日前至少应有连续的 165 个日交易数据。

3) 研究样本

同行业对比公司的选择参考 Errunza 和 Darius(2000)以及 Melvin 和 Valero-Tonone(2005)所提出方法,根据主营业务和规模这两个条件确定同行业公司。本书根据 CSRC 行业分类,同时根据广发证券交易软件,在交叉上市公司基本资料里找到同行业公司,并根据关联企业的名单剔除与其有关联的公司;若有多家公司选择,则根据流通市值选择最接近交叉上市公司的公司。此外同行业公司在本章研究的估计期内正常上市，也没有发行B股。

这样，共找到 47 家同行业公司，其中“先 H 后 A”组的同行业公司 36 家，“A＋H 同步”组的同行业公司 6 家，“先 A 后 H”组的同行业公司 5 家。这里要特别说明的是，在以“先 A 后 H”模式的交叉上市公司中，有 5 家公司在 A 股和 H 股市场上市时间仅仅相差 1～4 天。除去其中的休市日，真正交易日时间间隔更短，这些公司在发行程序上与“A＋H 同步”完全一样，国内 A 股市场的反应与“A＋H 同步”也完全一样，因此，在研究中把这些公司归入“A＋H 同步”模式的一组。下表给出了研究样本的事件日。

表 6-1　“先 H 后 A”与“A＋H”模式的事件日与对比公司

序号	交叉上市公司				同行业公司		备注
	股票代码	股票名称	A 股首次信息发布日	A 股上市日	股票名称	股票代码	
1	000338	潍柴动力	2007-03-23	2007-04-30	全柴动力	600218	1
2	000585	东北电气	1995-11-25	1995-12-13	万里股份	600847	1
3	000666	经纬纺机	1996-11-18	1996-12-10	南方科技	600862	1
4	000756	新华制药	1997-07-22	1997-08-06	华北制药	600812	1
5	000898	鞍钢股份	1997-11-12	1997-12-25	新钢股份	600782	1
6	000921	科龙电器	1999-05-31	1999-07-13	美的电器	000527	1
7	600011	华能国际	2001-11-13	2001-12-06	深圳能源	000027	1
8	600012	皖通高速	2002-12-18	2003-01-07	海南高速	000886	1
9	600026	中海发展	2002-05-09	2002-05-23	宁波海运	600798	1
10	600027	华电国际	2005-01-17	2005-02-03	国电电力	600795	1
11	600028	中国石化	2001-07-12	2001-08-08	吉林化纤	000420	1
12	600115	东方航空	1997-10-22	1997-11-05	厦门空港	600897	1
13	600188	兖州煤业	1998-06-04	1998-07-01	西藏矿业	000762	1
14	600362	江西铜业	2001-12-19	2002-01-11	铜陵有色	000630	1
15	600377	宁沪高速	2000-12-20	2001-01-16	华北高速	000916	1

（续表）

序号	交叉上市公司				同行业公司		备注
	股票代码	股票名称	A股首次信息发布日	A股上市日	股票名称	股票代码	
16	600548	深高速	2001-11-29	2001-12-25	福建高速	600033	1
17	600585	海螺水泥	2002-01-22	2002-02-07	福建水泥	600802	1
18	600688	上海石化	1993-08-08	1993-11-08	金路集团	000510	1
19	600871	仪征化纤	1995-01-13	1995-04-11	神马股份	600810	1
20	601005	重庆钢铁	2007-01-30	2007-02-28	包钢股份	600010	1
21	601088	中国神华	2007-09-19	2007-10-09	开滦股份	600997	1
22	601107	四川成渝	2009-07-06	2009-07-27	山东高速	600350	1
23	601111	中国国航	2006-07-31	2006-08-18	上海机场	600009	1
24	601186	中国铁建	2008-02-15	2008-03-10	路桥建设	600263	2
25	601288	农业银行	2010-06-17	2010-07-15	兴业银行	601166	2
26	601328	交通银行	2007-04-18	2007-05-15	浦发银行	600000	1
27	601333	广深铁路	2006-12-07	2006-12-22	铁龙物流	600125	1
28	601390	中国中铁	2007-11-07	2007-12-03	腾达建设	600512	2
29	601398	工商银行	2006-09-27	2006-10-27	浦发银行	600000	2
30	601588	北辰实业	2006-09-13	2006-10-16	名流置业	000667	1
31	601600	中国铝业	2007-04-18	2007-04-30	中孚实业	600595	1
32	601618	中国中冶	2009-08-31	2009-09-21	龙建股份	600853	2
33	601727	上海电气	2008-11-11	2008-12-05	长征电器	600112	1
34	601766	中国南车	2008-07-28	2008-08-18	沈阳机床	000410	2
35	601808	中海油服	2007-09-12	2007-09-28	江钻股份	000852	1
36	601866	中海集运	2007-11-28	2007-12-12	长江油运	600087	1
37	601898	中煤能源	2008-01-21	2008-02-01	山煤国际	600546	1
38	601899	紫金矿业	2008-04-07	2008-04-25	山东黄金	600547	1
39	601919	中国远洋	2007-06-08	2007-06-26	中远航运	600428	1

（续表）

序号	交叉上市公司				同行业公司		备注
	股票代码	股票名称	A 股首次信息发布日	A 股上市日	股票名称	股票代码	
40	601939	建设银行	2007-09-11	2007-09-25	华夏银行	600015	1
41	601988	中国银行	2006-06-12	2006-07-05	平安银行	000001	1
42	601991	大唐发电	2006-11-28	2006-12-20	上海电力	600021	1

注：备注 1、2、3 分别表示“先 H 后 A”模式、“A+H 同步”模式和“先 A 后 H”模式。

表 6-2　“先 A 后 H”事件日与对比公司

序号	交叉上市公司					同行业公司		备注
	股票代码	股票名称	中国证监会核准日	H 股发行日	H 股上市日	股票名称	股票代码	
1	000063	中兴通讯	2004-10-28	2004-11-29	2004-12-09	长江通信	600345	3
2	000488	晨鸣纸业	2008-02-25	2008-06-04	2008-06-18	福建南纸	600163	3
3	002202	金风科技	2010-05-17	2010-06-07	2010-06-22	龙净环保	600388	3
4	600016	民生银行	2009-10-24	2009-11-13	2009-11-26	北京银行	601169	3
5	600036	招商银行	2006-08-10	2006-09-08	2006-09-22	华夏银行	600015	3

4）累积超常收益

超常收益 AR(Abnormal Return)常被用来衡量某一事件发生对市场造成的冲击程度。常用超常收益的计算方法有多种，本书采用通常的市场模型法计算公司股票超常收益。首先利用事件窗口期之前的 150 个交易日的收益($t=-165\sim-16$)求得市场模型的参数$\hat{\alpha}_i$ 和$\hat{\beta}_i$，然后结合样本公司股票实际收益率 $R_{i,t}$ 和对应市场指数收益率 $R_{m,t}$，计算样本公司在事件窗口期($t=-15\sim t=15$)的超常收益 $AR_{i,t}$。本书的市场指数收益率 $R_{m,t}$ 采用样本公司所在的上证指数收益率或深证综合指数收益率，超常收益计算公式如下

$$AR_{i,t}=R_{i,t}-\hat{\alpha}_i-\hat{\beta}_i R_{m,t} \tag{6-1}$$

接着计算事件窗口期的每期平均超常收益率

$$AR_t = \frac{\sum_{i=1}^{n} AR_{i,t}}{n}, \quad i = 1, \cdots, n \tag{6-2}$$

在计算了平均超常收益 AR 之后，计算累积 k 期到 t 期累积超常收益(Cumulative Abnormal Return, CAR)

$$CAR(k,t) = \sum_{k}^{t} AR_k \tag{6-3}$$

6.2 同行业公司的市场反应研究

6.2.1 描述性统计

1）事件日的时间差别

表 6-3 给出了交叉上市公司各事件日的时间间隔统计。

表 6-3 事件日均值的间隔

<table>
<tr><td>组　别</td><td colspan="2">A 股招股公告日与
首次信息发布日的间隔</td><td colspan="2">A 股上市日与
首次信息发布日的间隔</td></tr>
<tr><td>先 H 后 A</td><td>7 天</td><td>2 天(除去极端值)</td><td>33 天</td><td>28 天(除去极端值)</td></tr>
<tr><td>A+H 同步</td><td colspan="2">9 天</td><td colspan="2">34 天</td></tr>
<tr><td>组　别</td><td colspan="2">H 股发行日与
证监会核准日的间隔</td><td colspan="2">H 股上市日与
证监会核准日的间隔</td></tr>
<tr><td>先 A 后 H</td><td colspan="2">62 天</td><td colspan="2">75 天</td></tr>
</table>

从表 6-3 可以看出，在“先 H 后 A”组里，中国交叉上市公司发行 A 股的首次信息发布日基本上就是招股公告日，除去紫金矿业两者相差 108 天外，其余公司时间间隔均值仅为 2 天。A 股上市日与首次信息发布日均值相差一个月左右(紫金矿业公司两者相隔 126 天)。在“A+H 同步”组里，事件日时间间隔也基本类似，A 股招股公告日与首次信息发布日的间隔均值是 9 天，A 股上市日与首次信息发布日的间隔均值是 34 天。在“A+H 同步”组里，事件日时间间隔稍长一些，H 股发行日与中国证监会核准发行 H 股日的

间隔均值是62天,H股上市日与中国证监会核准发行H股日的间隔均值是75天。

2) 样本公司的特征差异

从表6-4统计中可以看出,总体上交叉上市公司总市值都比同行业公司大,也可见中国交叉上市公司都是一些大型企业。在流通市值方面,两者差距相对较小,这主要是因为在交叉上市时,这些大型的交叉上市公司还存在着相当大比例的非流通股。流通市值相近也使研究更具客观性。

表6-4　交叉上市时交叉上市公司与同行业公司规模比较　　单元:元

组别	公司组	变量	均值	中值	最大值	最小值
先H后A	交叉上市公司	A股流通市值	9.86E+09	1.98E+09	8.73E+10	1.50E+08
		总市值	1.09E+11	2.36E+10	1.14E+12	3.34E+09
	同行业公司	A股流通市值	6.71E+9	1.66E+09	8.83E+10	1.77E+08
		总市值	1.32E+10	4.65+09	1.18E+11	3.94E+08
A+H同步	交叉上市公司	A股流通市值	2.06E+10	2.26E+10	2.78E+10	8.28E+09
		总市值	3.37E+11	1.32E+11	8.22E+11	3.45E+10
	同行业公司	A股流通市值	2.89E+10	2.68E+09	1.48E+11	2.01E+09
		总市值	3.61E+10	5.01E+09	1.48E+11	2.55E+09
先A后H	交叉上市公司	A股流通市值	4.65E+10	2.17E+10	1.48E+11	8.53E+09
		总市值	6.82E+10	4.31E+10	1.48E+11	1.31E+10
	同行业公司	A股流通市值	1.71E+10	6.18E+09	7.12E+10	5.69E+08
		总市值	2.83E+10	6.18E+09	1.12E+11	2.09E+09

6.2.2　实证结果与分析

图6-1给出了"先H后A"模式的同行业公司累积超常收益变化趋势。从图中可以看出同行业公司在交叉上市公司首次信息发布前,市场基本上是正常走势。在首次信息发布日前三天左右,累积超常收益开始缓慢持续上升,这可能是交叉上市公司在首次信息发布之前市场上已经提前得到了相关信息。此后,随着一系列信息的发布,同行业公司累积超常收益不断上升,说明H股回归对同行业公司是正面消息,投资者反应热烈。在H股回归A股实际上市日前,同行业公司的累积超常收益也呈现明显的上升趋势。在上市日的当天,累积超常收益率急剧下降,此后的几个交易日内持续下

降，不久又有所回升。这说明在交叉上市公司发行 A 股的首次信息发布日和实际上市日这段期间里，市场消化了一部分首次信息发布的信息，随着实际上市信息的公布，这一上市消息又使市场上的投资者反应热烈。这还说明 H 股公司在回归 A 股市场实际上市前，对同行业公司来说还是正面消息，市场反应热烈，而在实际上市日后，尽管累积超常收益下降，市场上的投资者开始更多关注交叉上市公司了，但累积超常收益仍然为正值，还需要一段时间来消化这些信息。同行公司的累积超常收益变化趋势也印证了 Fernandes 和 Ferreira(2005)认为的“交叉上市引致更多证券分析师和媒体的关注，国内同行业公司受关注度也会显著增加”。

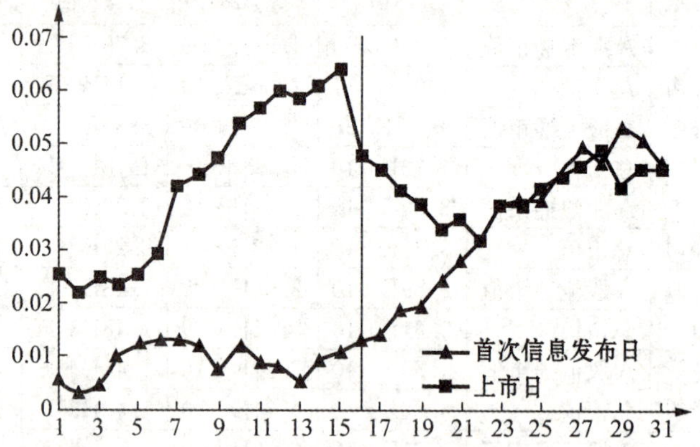

图 6-1 “先 H 后 A”模式的同行业公司累积超常收益变化趋势

图 6-2 给出了“A+H 同步”模式的同行业公司累积超常收益变化趋势。从图中可以看出“A+H 同步”组的同行业公司市场反应基本上与“先 H 后 A”组相同。在交叉上市公司发行 A 股的首次信息发布日前两天左右同行业公司累积超常收益开始持续上升；在上市日前累积超常收益也持续上升，在上市日前一天开始有所下降，此后不久有所回升，甚至超过了上市日前的累积超常收益。由于样本数量的限制，这一组的同行业公司的累积超常收益的起伏相对较大。从图 6-1 和图 6-2 综合看，同行业公司的累积超常收益均为正值，说明在事件窗口期内，交叉上市给同行业公司带来的影响是正向的。

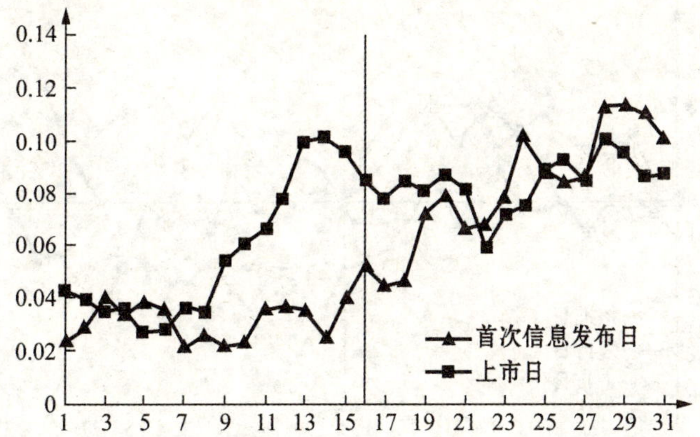

图 6-2　“A+H 同步”模式的同行业公司累积超常收益变化趋势

图 6-3 给出了“先 A 后 H”模式的同行业公司累积超常收益变化趋势。从中国证监会核准交叉上市公司发行 H 股的整个窗口期看，同行业公司在核准日前后的累积超常收益基本一致，但在中国证监会核准发行 H 股的当日，同行业公司的累积超常收益急剧下降，第二天却强烈反弹。这说明证监会核准发行 H 股的信息给市场提供的基本是噪音信号，市场反应不大，因为从前述的时间间隔看，核准日与 H 股实际上市日相差了 62 天，市场上投资者反应不是很热烈。但从核准日当天同行业公司累积超常收益急剧下降的表现可以看出，交叉上市公司发行 H 股的消息对国内的同行业公司来说是负面消息。从发行日窗口期的同行业公司累积超常收益变化看，在交叉上市公司 H 股发行日前三天开始下降，并持续一段时间，在发行日后的第十个交易日才开始回升。这同样说明，中国公司发行 H 股的消息对同行业公司来说是负面消息，由于交叉上市公司是市场关注的焦点，投资者冷落了这些同行业公司。从上市日窗口期的累积超常收益变化看，在上市日前，累积超常收益在零区域徘徊，在 H 股上市日前三天左右开始，累积超常收益开始明显下降，直至上市日后的第三个交易日到达最低点，此后开始上升，并且表现强烈。这说明国内公司发行 H 股给同行业带来了不利的影响，同时随着交叉上市公司发行 H 股市这一事件的结束，之前被投资者冷落的同行业公司重新获得了市场的认可。

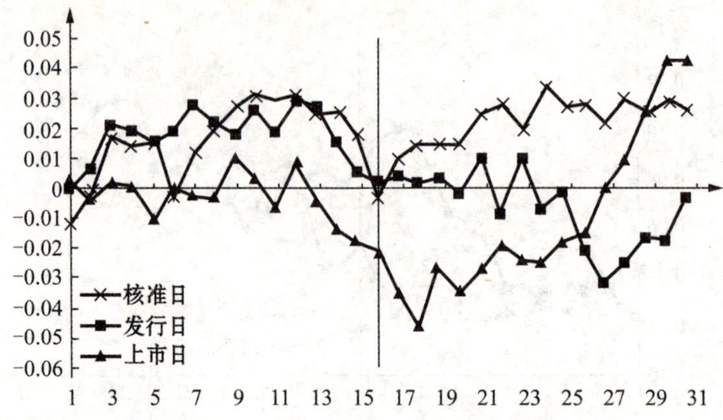

图 6-3 “先 A 后 H”模式的国内同行业公司累积超常收益变化趋势

从以上 3 个图的比较中可以看出,“先 A 后 H”组的同行业公司市场反应与“先 H 后 A”和“A＋H 同步”组有明显的区别。根据 Nuno(2005)的分析,交叉上市对本国同行业公司的影响分正负两个方面:风险分散效应(Risk Dispersion)和分流效应(Diversion Effect)。Levine 和 Schmukler(2006)进一步将分流效应分为跨境迁移(Migration)和交易分流(Trade Diversion)。就中国市场说,同步上市和先外后内的模式并没有所谓的跨境迁移,因为,这两种交叉上市模式总体上都增加了国内市场的交易量,可以算是交易量回流。在交叉上市公司发行 A 股之前对同行业公司来说也不存在交易分流的问题,又由于同行业公司也受到市场的关注,总体上讲,中国公司交叉上市对“先 H 后 A”和“A＋H 同步”组的同行业公司来说是正面消息。从交易分流的角度分析,在交叉上市的实际发生日,3 个组别的同行业公司都表现出了累积超常收益下降,说明交易流从原来的同行业公司转移到了交叉上市公司,导致同行业公司股票收益率下降。对“先 A 后 H”模式的交叉上市来说,还存在着跨境迁移的效应,即股票交易量从 A 股市场转移到 H 股市场,导致在国内股票市场流动性降低。图 6-3 可以看出,“先 A 后 H”模式的交叉上市对国内同行业公司来说基本上是负面消息,也印证了跨境迁移效应的存在。

6.2.3　面板数据模型的检验

为了进一步验证上述得出的结论，本书用面板数据模型进行进一步检验，因为事件研究法的一个缺陷是噪声问题。在所有事件日中，无疑上市日是最为重要的，因此本书仅验证上市日的市场反应。

1）模型的设定与检验

面板数据模型如式(6-4)所示。

$$R_{it} = \alpha + \beta_1 CL_{it} + \beta_2 R_{mt} + \varepsilon_{it} \tag{6-4}$$

模型假定交叉上市日为第零日，R_{it}是同行业公司股票的收益率，R_{mt}是市场收益率，即同行业公司对应的沪市或深市 A 股指数日收益率；模型的估计期间是(−165,15)。CL_{it}是虚拟变量，在交叉上市日前(−15,−1)期间为 1，其余时间为 0。模型的目的是观察 CL_{it}的系数 β_1，如果 β_1 显著为正，说明在(−15,−1)期间内，交叉上市给同行业公司带来了正面影响；如果 β_1 显著为负，则影响是负面的。模型还分别选择了(−10,−1)、(0,10)、(0,15)等其他期间进行验证，并进行对比分析。

面板数据建模的设定需要进行检验，以检验建立混合模型还是个体固定效应模型为例，本书用 F 检验对模型的设定进行了选择，并设立两个假设条件。

假设一：$\alpha_i=\alpha$，模型中不同个体的截距相同(真实模型为混合模型)。

假设二：模型中不同个体的截距项 α_i 不同(真实模型为个体固定效应模型)。

F 统计量定义为

$$F = \frac{(SSE_r - SSE_u)/N}{SSE_u/(NT - N - k)} \tag{6-5}$$

其中，SSE_r 表示约束模型，即混合估计模型的残差平方和；SSE_u 表示非约束模型，即个体固定效应模型的残差平方和；约束条件为 N 个，k 表示公共参数个数。

具体的 F 值计算和判断可以从统计软件操作中得出和判断。以检验

"先A后H"模式的(−15,−1)的模型为例,得出的F值为1.11,概率为0.35,因此不能拒绝原假设,应选择混合模型。其他交叉上市模式不同时间窗口期的模型检验得出的概率均在5%的水平下不显著,因此选择混合模型对式(6-4)进行验证。

2)检验结果与分析

模型回归结果如表6-5所示。

表6-5 面板数据模型回归结果

模式	变量	(−15,−1)	(−10,−1)	(0,10)	(0,15)
先H后A	C	0.0004 (1.1773)	0.0006* (1.6637)	0.0009** (2.5103)	0.0010*** (2.6710)
	CL_{it}	0.0049*** (3.7647)	0.0043*** (2.6855)	−0.0015 (−0.9367)	−0.0019 (−1.4361)
	R_{mt}	1.0626*** (59.9187)	1.0626*** (59.8798)	1.0628*** (59.8564)	1.0625*** (59.8433)
		$A_{dj}\ R^2$:0.3972 F:1803.998	$A_{dj}\ R^2$:0.3967 F:1798.226	$A_{dj}\ R^2$:0.3957 F:1792.993	$A_{dj}\ R^2$:0.3959 F:1793.964
A+H同步	C	−0.0008 (−0.9041)	−0.0006 (−0.6736)	−0.0001 (−0.1762)	−0.001 (−0.1290)
	CL_{it}	0.0078*** (2.7011)	0.0082** (2.3546)	0.0010 (0.2893)	0.0002 (0.0828)
	R_{mt}	1.1831*** (31.5210)	1.1815*** (31.4672)	1.1781*** (31.3163)	1.1781*** (31.3137)
		$A_{dj}\ R^2$:0.4925 F:2284.558	$A_{dj}\ R^2$:0.4917 F:2283.685	$A_{dj}\ R^2$:0.4489 F:2280.995	$A_{dj}\ R^2$:0.4889 F:490.2789
先A后H	C	0.0023*** (2.7628)	0.0021*** (2.6288)	0.0021*** (2.6285)	0.0019** (2.2380)
	CL_{it}	−0.0026 (−0.9401)	−0.0015 (−0.4371)	−0.0015 (−0.4393)	0.0022 (0.8119)
	R_{mt}	1.1158*** (25.7034)	1.1158*** (25.6786)	1.1167*** (25.7147)	1.1155*** (25.6854)
		$A_{dj}\ R^2$:0.4405 F:331.2594	$A_{dj}\ R^2$:0.4400 F:330.6395	$A_{dj}\ R^2$:0.4400 F:330.6412	$A_{dj}\ R^2$:0.4403 F:331.0584

从表6-5可以看出,在"先H后A"组中,CL_{it}系数在(−15,−1)、(−10,−1)区间都显著为正,而在(0,10)、(0,15)区间CL_{it}系数则为负值,但不显

著，“A＋H 同步”组的 CL_{it} 的系数在(－15，－1)区间显著为正，在(－10，－1)区间在 5％的水平也显著为正，但在(0，10)、(0，15)区间的表现与“先 H 后 A”模式不同，表现为正值，但还是不显著。这说明，无论是“先 H 后 A”模式还是“A＋H 同步”模式，中国公司交叉上市给国内同行业公司带来了更多的市场关注，这两种交叉上市确实给同行业公司带来了正面的效应。从实际上市日后的同行业公司的反应看，虽然两组 CL_{it} 的系数都不显著，但“先 H 后 A”组的表现为负值，而“A＋H 同步”表现为正值，说明这两种交叉上市模式的市场反应有所不同，相比较而言，“A＋H 同步”模式交叉上市给同行业公司带来了更长时间正面效应。

在“先 A 后 H”组中，实际交叉上市日前后 CL_{it} 系数都不显著，而且在(－15，－1)、(－10，－1)、(0，10)区间的系数还表现为负数，只有在上市日后的(0，15)区间，系数才表现为正值。这说明，“先 A 后 H”模式的交叉上市给国内市场的影响基本上负面的。但在(0，15)区间系数为正值，说明同行业公司收益率在交叉上市事件完成后开始反弹。统计检验不显著，也说明其中的机理还有待深入挖掘和分析，也由于样本的限制可能影响了检验的结果。在今后，中国公司将更多采用走出去的交叉上市模式，与国际惯例接轨，这种交叉上市模式的研究也将越来越受到学者的关注。随着中国公司采用这种交叉上市模式的增加，将有助今后的研究继续跟进。

6.3 交叉上市公司的市场反应研究

6.3.1 方法与样本

中国公司交叉上市，从早期单纯的“先 H 后 A”模式逐渐演变为“先 H 后 A”、“A＋H 同步”和“先 A 后 H”3 种模式共存。随着先前 H 股的大部分回归，如今中国公司更多以“先 A 后 H”模式进行交叉上市。这种模式能够很好地维护 A 股定价权和保护投资者利益，因此被政府相关部门所倡导和支持。从中兴通讯 2004 年第一家以这种模式登陆 H 股市场以来，截至 2013 年底，共有 19 家中国公司以“先 A 后 H”模式进行交叉上市。

国外有关交叉上市的研究文献，其隐含的假设就是先内后外的上市模式，这是由于国外交叉上市模式的特点所决定。由于中国国情特殊性，导致交叉上市模式与国外的不同，也由于样本量的限制，中国现有的研究文献对“先A后H”的交叉上市模式研究还是空白。经过几年的累积，以这种模式进行交叉上市的公司已有一定的数量，有利于研究的开展。

本节沿用上一节的事件研究法来考察交叉上市公司本身的市场反应，事件窗口期和估计期的选择相同，超常收益的计算方法也相同，分别以中国证监会核准发行H股的核准日、H股发行日和H股上市日为事件日全面考察交叉上市公司本身的市场反应。为了与H股的市场反应进行对比研究，本节还将A股的市场反应与H股回归A股时的H股市场反应进行类比。

如第一节所述，需要说明的是，“先A后H”交叉上市模式中，有多家公司A股上市日与H股上市日仅仅相差几天的时间，本书在做研究时把它们归入了“A+H同步”模式的一组，因此本节的研究样本是剔除了这些公司后的真正的“先A后H”模式的公司，它们分别是中兴通讯、招商银行、晨鸣纸业、民生银行、中国太保、金风科技，共6家公司。

6.3.2 实证结果与分析

图6-4给出了公司本身在H股核准日、H股发行日和H股上市日窗口期内累积超常收益的变化趋势。

从中国证监会核准公司发行H股的核准日为事件的整个窗口期看，公司累积超常收益在整个窗口期内都为正值，且几乎表现为一直稳健上升的趋势，核准日及第二日的市场反应表现的强烈一些。从中可以看出两点：①公司被证监会核准发行H股对公司本身的影响是正面的，引起市场投资者的热烈追捧，累积超常收益持续上升；②在核准日前，市场上已经出现了公司将被核准发行H股的消息，累积超常收益在核准日前一个星期左右就开始明显呈现出上升趋势。这是因为公司在证监会核准发行H股之前，必须通过公司股东大会的决议，以及此后的财务审核等一系列的工作，在这过程中市场已经得到了相关的信息。

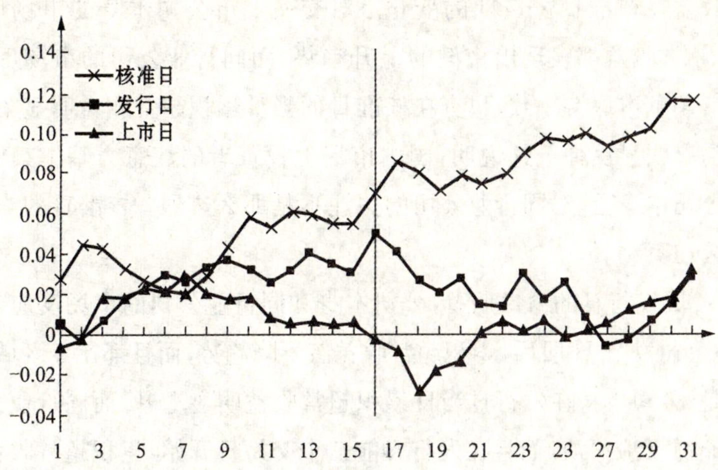

图 6-4　“先 A 后 H”模式的国内公司本身累积超常收益变化趋势

从发行日窗口期的累积超常收益变化看，在发行日前，从累积超常收益零区域缓慢上升，发行日当日表现最强烈，在发行日之后，累积超常收益略有下降，但不是很明显。如第二节所述，H 股核准日与发行日相差 62 天。这段期间较长，在正式 H 股发行前，国内市场已经消化了部分因公司被核准发行 H 股所带来的利好预期，因此市场反应较为平淡，只有在 H 股发行日当天市场反应强烈。但整条线基本上在零区域的上方，可见市场反应基本还是正面的。

从 H 股实际上市日的整个窗口期看，累积超常收益整条线靠近零区域，从 H 股上市日开始表现出下降趋势，第 3 个交易日至最低点，此后累积超常收益开始缓慢上升。这说明在公司实际发行 H 股前后，对公司的正面消息已经不再，市场已经完全消化了公司交叉上市的正面消息。另一个原因可能是公司正式登陆 H 股市场时，跨境迁移效应开始出现，部分交易量转移到 H 股市场。

6.3.3　与同行业公司市场反应的比较

图 6-4 与图 6-3 相比较，“先 A 后 H”模式交叉上市，国内市场上公司本身与同行业公司的市场反应有相同点，也有不同点。两者最大的不同是累

积超常收益在核准日窗口期的变化。对交叉上市公司本身的市场反应来说，累积超常收益都表现出稳健的上升趋势，而同行业公司的市场反应，在整个窗口期基本保持一致，只有在核准日的当日累积超常收益明显下降，第二个交易有明显反弹。这说明，国内市场上投资者的注意力基本集中在交叉上市公司本身上，对同行业公司的关注不是那么热烈。核准日的当日，对同行业公司不利。

从H股发行日的窗口期看，公司本身和同行业公司的市场反应有些相似，即在公司发行H股后，累积超常收益有下降趋势，而且都在零区域附近。不同点是，公司本身在发行日当日累积超常收益明显上升，而同行业公司在H股发行日反应平淡，而且在发行日前三个交易日开始，累积超常收益明显下降。这种区别说明这种模式对同行业公司有负面的影响。

从H股上市日的窗口期看，公司本身和同行业公司的市场反应也有相类似的地方，累积超常收益更靠近零区域，在上市日后则在零区域以下，而且都是在H股上市日后第三个交易日至最低点。不同的是，在上市日后，公司本身的超常收益反弹缓慢，而同行业公司则在上市日一段时间后反弹比较明显。说明随着公司交叉上市的完成，国内市场恢复正常的交易，之前被市场冷落的同行业公司也逐渐回归正常，并开始强劲反弹。交叉上市公司本身因为之前被市场过度的正面预期，反弹不是很明显。

总的来看，交叉上市对公司本身和同行业公司的影响有所不同，对公司本身来说更多的是正面消息，而对同行业公司而言，更多的是负面消息。

6.3.4 与H股公司市场反应的比较

潘岳(2007)利用事件研究法，以标准化的累积超常收益为指标，分别以证监会核准发行A股的公告日和A股上市日作为事件日，利用事件窗口期之后的资料作为估计期，考察H股公司回归A股市场上市的H股的市场反应。如图6-5所示，在公告日的整个窗口期(−20,20)内，H股标准化累积超常收益(SCAR)显著为正，高达6.242%，说明H股对交叉上市事件公告产生正面的反应。公告日之后的(10,15)区间转为负值，在(10,20)则表现为显著为负。H公司在上市日的整个窗口期内的标准化累积超常收益为负值，但统计检验不显著，整个上市期内 H 股的市场反应并不明显。

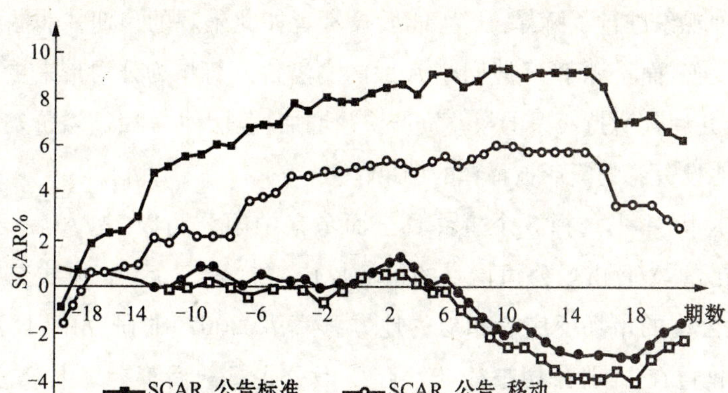

图 6-5　“先 H 后 A”模式公告日和上市日的 H 股市场的反应①

董秀良、曹凤岐(2009)同样利用事件研究法，以累积超常收益为指标，以 H 股在 A 股市场首次公开发行日作为事件日，利用事件期(－45,30)前的(－210,－61)期间作为估计期，考察了 H 股在回归 A 股市场交叉上市事件对原上市地市场(H 股市场)股价的影响。如图 6-6 所示，研究表明，H 股累积超常收益在 H 股回归 A 股之前都有一个明显的上升，并且在 H 股回归

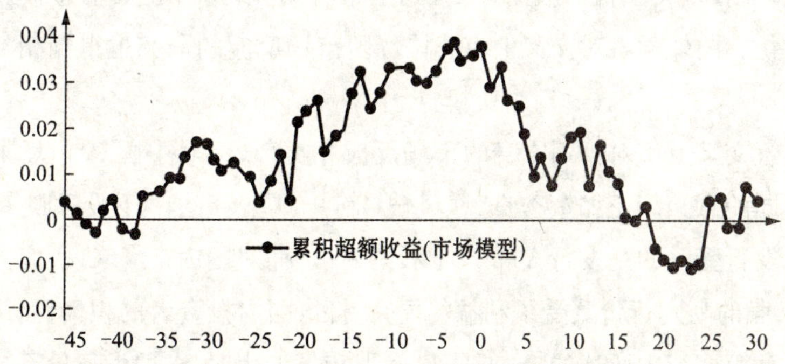

图 6-6　“先 H 后 A”模式的首次公开发行日 H 股市场的反应②

① 本图摘自潘岳《中国双重上市行为研究》第 150 页，北京大学出版社，2007 年。

② 本图摘自董秀良，曹凤岐的《交叉上市、股价反应与投资者预期——基于 H 股回归 A 股的经验研究》，刊载于《财贸经济》2009 年第 8 期，29～35 页。

A股首次公开发行日达到最大值，然后开始呈现逐步下降的趋势。该研究还对这种现象进行了解释，认为H股投资者如此乐观的预期并非源于公司治理的改善，而是源于H股回归A股的高溢价发行将为公司带来更加廉价的资本，并使其所持股票的权益资产快速增加，但这种A股高溢价发行的背后是内地投资者的资产被稀释的结果。

在本节，本书选择3个事件日全面考察中国公司以“先A后H”模式交叉上市的A股市场公司本身的市场反应，与“先H后A”模式交叉上市的H股公司的市场反应有相似的地方。潘岳(2007)的研究中，H股的累积超常收益在H股公司被核准发行A股公告日前后都持续上升，直至公告日后第16个交易日才开始略有下降，在实际交叉上市日后累积超常收益开始下降，而且为负值，本书的研究与其相似。同时，这一结果与国外关于交叉上市对原上市地市场股价的反应的研究结论相似。董秀良、曹凤岐(2009)的研究与本书的研究也有相似的地方，例如本书以H股核准日的累积超常收益变化趋势与他们的研究相似。只是本书研究所选择的窗口期与他们的研究窗口期不一样，还无法看到窗口期之后的变化趋势。总的来说，公司交叉上市对原上市地的公司本身是正面消息，首次信息发布日市场反应强烈，随着相关公告的披露，一直到上市日为止，这种正面消息被逐渐吸收和消化。国外学者对交叉上市公司母国市场反应的研究也得到相类似的结论。

尽管交叉上市对公司本身的市场反应相类似，但对中国A市场来说却有着不同的意义。正如董秀良、曹凤岐(2009)所解释的，“H股回归A股的高溢价发行受益的是发行人和H股投资者”。而对国内市场来说，广大投资者因A股的高发行价蒙受了利益的损失，打击国内投资者的积极性。再者，如第3章第3节中所述的，H股回归A股市场上市时，A股发行价不能低于发行时H股前20个交易日均价的90%或H股上个交易日收盘价的上限。在H股回归A股前期H股价格高涨，逼高了A股发行价，使得A股定价受制于H股。因此“先A后H”交叉上市模式并不只是一个新股发行程序的先后问题，它更是一个定价权争夺的问题。“先H后A”模式中，A股的发行价参照了H股的市场价，同样“先A后H”模式中，H股的发行价也要参照

A股的市场的情况，这样，中国公司在发行H股这一期间的各种正面消息，有助于提高H股的发行价，使国内市场掌握定价权，对国内的投资者也有利。以中兴通讯为例，其H股的发行价达到每股22港元，这一发行价格相当于中兴通讯交叉上市时A股前30个交易日收市价算术平均值人民币25.91元的90.4%，很好地保护了A股的定价权。交叉上市公司本身的市场反应是维护A股定价权和保护国内投资者利益。

6.4　本章小结

本章探讨了中国国内市场投资者对公司交叉上市活动的市场反应。本章的研究从国内A股市场的角度出发，根据不同交叉上市模式进行分类比较，并选择多个事件日，运用事件研究法，从同行业公司和交叉上市公司本身两个方面，全面考察交叉上市对中国国内A股市场的影响。

从对同行业公司市场反应的考察中发现，“先H后A”和“A+H同步”模式的交叉上市，在公司发行A股的首次信息发布日后，同行业公司的累积超常收益呈现明显上升的趋势，说明中国公司交叉上市对同行业公司是正面消息；在公司实际A股发行日前，同行业公司的累积超常收益也呈现上升趋势，在上市日后则下降趋势，分流效应开始出现，市场投资者开始关注新上市的交叉上市公司。“先A后H”模式的交叉上市，总的来说，对国内A股市场同行业公司是负面消息。在交叉上市公司实际H股上市时，国内同行业公司的累积超常收益下降明显。面板数据明显地也验证了前面的分析。

“先A后H”交叉上市模式是与国际交叉上市惯例相同的模式，本书对这种模式的交叉上市公司本身的市场反应也作了深入考察，并与“先H后A”交叉上市模式的H股公司本身的反应进行了类比。研究发现，在中国证监会核准发行H股的核准日前后，公司在国内市场的累积超常收益表现出强劲的上升趋势，说明公司交叉上市受到了市场投资者的追捧，市场反应热烈。这一研究结果与国外关于交叉上市对原上市地市场股价反应的研究结论相似。随后随着H股发行日和H股实际上市日，交叉上市公司本身的反应趋于平淡,说明国内市场在这一过程中逐步消化了公司交叉上市的正面消息。本书还从交叉上市公司本身的市场反应的变化分析了"先 A 后 H"交叉上市模式对 A 股市场的意义,即这种交叉上市模式有助于提高 H 股的发行价,保护了国内 A 股市场的定价权,对国内投资者也有利。

第7章　交叉上市的价格发现与波动溢出效应研究

上一章从投资者角度系统考察了国内市场对中国公司交叉上市的反应，发现了一些有意义的市场反应特征，同时分析了不同交叉上市模式市场反应对国内A股市场的内涵意义。本章将从市场互动的角度，从市场微观结构考察交叉上市的价格发现和波动溢出效应，继续探讨交叉上市的影响。

在中国证券市场发展的早期阶段，中国市场与境外市场之间的联系并不紧密，存在着相当严重的市场分割。在应对各种市场信息的冲击，中国市场与国际市场存在明显的信息不对称，从中国市场与国际市场的信息溢出效应看，国际市场基本不受中国市场的影响，中国的市场也基本不受国际市场的影响①。随着时间的推移，中国经济的迅猛发展带动了中国证券市场发展壮大。近几年中国证券市场进行了一系列改革，市场开放度与国际化程度不断提高，逐渐融入世界资本市场并占有一席之地。QFII、QDII、外资金融机构的大量进入，以及中国公司交叉上市的增加，在一定的程度上降低了中国市场与国际市场，特别是内地与香港两个市场的分割性，中国市场与国际市场的联系也日趋紧密，中国市场的话语权不断增强。

在中国市场逐步开放的大背景下，关注中国市场与境外市场之间的联系意义重大，许多学者从价格发现的视角考察中国市场的国际化程度。就中国交叉上市公司而言，这些公司的主营业务主要在中国内地，投资者拥有

① 见张宗新编著《金融计量学》第219～222页，中国金融出版社，2008年。

信息优势,但香港市场相对成熟,国际化程度高,那么哪个市场对有效价格发现的贡献更大?价格信息如何传递?针对这些问题的探索,对中国市场现阶段的定位,对政府相关管理部门的管理和决策,具有十分重要的意义。本章对中国公司交叉上市的价格发现和波动溢出效应进行了考察,确定两地市场地位和作用。

7.1 研究设计

7.1.1 研究思路

同一资产本应具有统一的市场价格,然而由于市场分割、信息不对称以及投资需求等因素的影响,交叉上市公司的股票价格在两地市场并不一致。这种同一资产不同价的现象引起了许多学者的研究兴趣,国内外学者从不同角度对价格差异进行了分析和解释。有学者还从这种价格差异中探讨市场的价格发现能力,因为价格差异中包含了市场对信息的反映效率,以及信息在市场之间的传递过程。

有关交叉上市价格发现的研究,外国学者的研究结论基本上都肯定了母国市场价格发现的能力。对中国公司交叉上市价格发现的研究文献较少,一些国内学者选择不同的样本,运用不同的方法对此问题进行了考察,但没有得出一致的结论。本章对此也进行了探讨。

本章的研究思路是,首先运用 Gonzalo 和 Granger(1995)提出的永久暂时模型对中国公司交叉上市价格发现问题进行考察,以确定中国市场在价格发现上的贡献率。永久暂时模型是研究价格发现的经典方法。该模型的核心是误差修正模型。交叉上市公司在两地市场的股票价格尽管有差异,但是如果两地市场的价格序列存在协整关系,即在短期内存在偏离,在长期内会维持一个稳定均衡关系,那么可以通过建立误差修正模型确定两地市场的股票价格向均衡状态调整的速度,再根据永久暂时模型理论可以确定两地市场的价格发现能力。其次,本章进一步研究了交叉上市的价格波动溢出效应,考察价格信息在两地市场流动方向,并对价格发现的研究进行验证。本章通过实证研究确定出价格发现的主导市场，并针对影响信息传播和价格发现的具体因素进行分析，为中国证券市场发展提供充分的理论分析和经验证据。

7.1.2　研究方法

1）永久暂时模型

Gonzalo 和 Granger(1995)提出了价格发现的经典研究方法——永久暂时(Permanent/Transitory，PT)模型。这种模型主要是基于向量误差修正模型(VECM)分解出的公因子成分和误差修正过程，价格发现与永久成分中的系数向量有直接密切的关系。

首先要对价格序列进行平稳性检验。序列平稳检验的方法很多，一般采用 ADF 检验和 Philips & Perron　检验(PP)。ADF 检验用于序列 AR(p)过程

$$Y_t = \phi_1 Y_{t-1} + \phi_2 Y_{t-2} + \cdots + \phi_p Y_{t-p} + \varepsilon_t \tag{7-1}$$

其中，ε_t 为白噪声。检验方程为

$$\Delta Y_t = \delta Y_{t-1} + \sum_{i=1}^{p} \Delta Y_{t-i} + u_t \tag{7-2}$$

$$\Delta Y_t = \delta Y_{t-1} + \mu + \sum_{i=1}^{p} \Delta Y_{t-i} + u_t \tag{7-3}$$

$$\Delta Y_t = \delta Y_{t-1} + \mu + \beta t + \sum_{i=1}^{p} \Delta Y_{t-i} + u_t \tag{7-4}$$

在模型中引入足够的滞后项 ΔY_{t-i}，目的在于使残差白化。ADF 检验中一个难点是滞后阶数 p 的选择，通常用 AIC 或 SC 准则来确定。检验单位根的假设为：$\omega=0$。

PP 检验的步骤：

(1) 以最小二乘法估计回归模型，得到参数估计和残差序列；

(2) 计算残差序列的样本自协方差

$$\hat{\gamma}_j = T^{-1} \sum_{t=j+1}^{T} \hat{u}_t \hat{u}_{t-j}, \quad j = 0,1,2,\cdots \tag{7-5}$$

及$\lambda=\sigma\varphi(1)$的估计值

$$\hat{\lambda}^2=\hat{\gamma}_0+2\sum_{j-1}^{q}\left[1-\frac{j}{q+1}\right]\cdot\hat{\gamma}_j \tag{7-6}$$

其中,q的大小根据实际情况确定。若从某一阶之后(比如从第h阶之后),$\hat{\gamma}_j$对$\hat{\lambda}^2$的贡献可忽略不记,则q取为h。构造该估计量的Newey和West建议q取3或4。

(3) 计算参数估计量$\hat{\rho}$的标准差$\hat{\sigma}_{\hat{\rho}}$和残差$u_t$的估计方差$s^2=\frac{1}{T-2}\sum\hat{u}_t^2$。

(4) 将上述计算结果代入Z_ρ或Z_t统计量的表达式,得到统计量的值,查临界值并进行比较,然后作出推断。实际应用中一般由概率值进行判断。

其次要确定价格序列之间是否存在协整关系。因为只有当两个非平稳价格序列存在协整关系时,才不会出现虚假回归。另外,存在协整关系的价格序列其经济含义也比较明显,即价格序列之间存在长期的均衡关系。设Y_{1t}和Y_{2t}是两地市场的股票价格序列,记$Y_t=(Y_{1t},Y_{2t})'$。本书采用Johansen和Jusezius(1990)的基于VAR方法进行协整检验。Y_t的k阶VAR模型为

$$Y_t=A_1Y_{t-1}+A_2Y_{t-2}+\cdots+A_kY_{t-k}+\varepsilon_t \tag{7-7}$$

上述模型可转化为

$$\Delta Y_t=\Pi Y_{t-k}+\Gamma_1\Delta Y_{t-1}+\Gamma_2\Delta Y_{t-2}+\cdots+\Gamma_{k-1}\Delta_{t-(k-1)}+\varepsilon_t \tag{7-8}$$

其中,$\Pi=\sum_{j=1}^{p}A_i-I_g$;$I_g$是$g$阶单位矩阵;$\Gamma_i=(\sum_{j=1}^{i}A_i)-I_g$。

式(7-8)中Π是一个长期系数矩阵,为了检验协整关系,需要计算矩阵Π的秩。如果Y_{1t}和Y_{2t}之间不存在协整关系,矩阵Π的秩不会显著异于零。Johansen检验方法是建立在矩阵秩和特征根之间的关系基础上,与其他的方法比较,该方法具有一些优于其他方法的特点,如此方法允许检验协整向量的约束因素,此法通过同时估计短期均衡增加了估计的效率等。但要注意的是,检验中使用的滞后阶数会影响检验的结果。

当Y_{1t}和Y_{2t}之间存在协整关系时,它们之间可以表示为如下形式的向量误差修正模型:

$$\Delta Y_{1t} = \alpha_1 (Y_{2,t-1} - \beta_1 Y_{1,t-1} - \beta_0) + \sum_{i=1}^{p} \gamma_i \Delta Y_{1,t-i} + \sum_{i=1}^{p} \delta_i \Delta Y_{2,t-i} + \mu_{1t} \tag{7-9}$$

$$\Delta Y_{2t} = \alpha_2 (Y_{2,t-1} - \beta_1 Y_{1,t-1} - \beta_0) + \sum_{j=1}^{p} \gamma_j \Delta Y_{1,t-i} + \sum_{j=1}^{p} \delta_j \Delta Y_{2,t-i} + \mu_{2t} \tag{7-10}$$

式(7-9)和式(7-10)中，α_1 和 α_2 是误差修正系数，它们的符号和大小分别表示价格序列向均衡状态调整的方向和速度；误差修正项 $Y_{2,t-1} - \beta_1 Y_{1,t-1} - \beta_0$ 体现价格序列的非均衡误差；(β_0, β_1) 是协整系数；$\mu_t = (\mu_{1t}, \mu_{2t})'$ 是随机扰动项；$\mu_{1t} = (0, \sigma_1)$，$\mu_{2t} = (0, \sigma_2)$；σ_1, σ_2 表示新息 μ_{1t}, μ_{2t} 的标准差。

根据 Gonzalo 和 Granger(1995)的理论，可以将具有共同变化趋势 Y_{1t} 和 Y_{2t} 分解成两个部分：共同有效价格(M_t)和两市场的噪声(μ_t)。M_t 也称共因子，表示 Y_{1t} 和 Y_{2t} 共同的变化趋势中两地市场共同有效的永久价格信息；μ_t 则表示两地市场各自的噪声信息暂时融入价格之中。这样，Y_{1t} 和 Y_{2t} 可分别表示为 $Y_{1t} = M_t + \mu_{1t}$，$Y_{2t} = M_t + \mu_{2t}$，这个模型也因此被命名为永久暂时模型。

为了得到两地市场对价格发现的贡献，Gonzalo 和 Granger(1995)将研究继续深入。它们用 Y_{1t} 和 Y_{2t} 的线性组合来表示 M_t，即 $M_t = \lambda_1 Y_{1t} + \lambda_2 Y_{2t}$，$\lambda_1, \lambda_2$ 就是两地市场对价格发现的贡献。为了得到 λ_1, λ_2 的具体数值，Gonzalo 和 Granger(1995)证明了(λ_1, λ_2)同误差修正模型的调整系数向量(α_1, α_2)的绝对值正交，即$(|\alpha_1|, |\alpha_2|) \perp = (\lambda_1, \lambda_2)$。这样，可以从误差修正模型中得到的 α_1 和 α_2 的值计算 λ_1, λ_2 的具体数值。由此，两地市场对价格发现贡献率公式为

$$S_i = \frac{\lambda_i}{\sum \lambda_i} \quad i = 1, 2 \tag{7-11}$$

2）多元 GARCH 模型

在金融研究领域，GARCH 模型常被用来描述股票价格序列波动性。为了更准确反映两地市场价格波动溢出效应情况，本书采用 Engle 和

Kroner(1995)提出的多元 GARCH 模型来研究。该模型是 Engle 和 Krone (1995)在综合了 Baba、Engle、Kraft 和 Kroner(1992)研究基础上提出的，也称 BEKK 多元 GARCH 模型。

在式(7-9)和式(7-10)中，设 $\mu_t=(\mu_{1t},\mu_{2t})'$，它们服从如下分布

$$\mu_t \mid \Phi_{t-1} \sim N(0,H_t) \tag{7-12}$$

$$H_t = CC' + A\mu_{t-1}\mu'_{t-1}A' + BH_{t-1}B' \tag{7-13}$$

其中，式(7-12)表示均值方程，式(7-7)表示方差方程；Φ_{t-1} 是 $t-1$ 时刻所有有用的全部信息。

将式(7-13)展开，可得

$$\begin{aligned} h_{11,t} = & c_{11}^2 + \beta_{11}^2 h_{11,t-1} + 2\beta_{11}\beta_{12}h_{12,t-1} + \beta_{12}^2 h_{22,t-1} + \\ & \alpha_{11}^2\mu_{1,t-1}^2 + 2\alpha_{11}\alpha_{12}\mu_{1,t-1}\mu_{2,t-1} + \alpha_{12}^2\mu_{2,t-1}^2 \end{aligned} \tag{7-14}$$

$$\begin{aligned} h_{22,t} = & c_{21}^2 + c_{22}^2 + \beta_{21}^2 h_{11,t-1} + 2\beta_{21}\beta_{22}h_{12,t-1} + \beta_{22}^2 h_{22,t-1} + \\ & \alpha_{21}^2\mu_{1,t-1}^2 + 2\alpha_{21}\alpha_{22}\mu_{1,t-1}\varepsilon_{2,t-1} + \alpha_{22}^2\mu_{2,t-1}^2 \end{aligned} \tag{7-15}$$

$$\begin{aligned} h_{12,t}, h_{21,t} = & c_{11}c_{21} + \beta_{11}\beta_{12}h_{11,t-1} + (\beta_{12}\beta_{21} + \beta_{11}\beta_{22})h_{12,t-1} + \\ & \beta_{21}\beta_{22}h_{22,t-1} + \alpha_{11}\alpha_{12}\mu_{1,t-1}^2 + \\ & (\alpha_{21}\alpha_{12} + \alpha_{11}\alpha_{22})\mu_{1,t-1}\mu_{2,t-1} + \alpha_{21}\alpha_{22}\mu_{2,t-1}^2 \end{aligned} \tag{7-16}$$

其中，$h_{11}h_{22}$ 分别表示 Y_1 和 Y_2 的条件方差；h_{12} 和 h_{21} 分别表示 Y_1 和 Y_2 的条件协方差。影响 Y_1 和 Y_2 之间波动溢出方向主要是 α_{12}、α_{21}、β_{12}、β_{21} 4 个系数。当 α_{21} 和 β_{21} 显著异于 0 时，则 Y_1 对 Y_2 存在溢出效应。同样，当 α_{12} 和 β_{12} 显著异于 0 时，则 Y_2 对 Y_1 存在溢出效应。

7.2 交叉上市的价格发现研究

7.2.1 数据来源与处理

随着中国公司在香港和内地市场交叉上市数量的增加，引起两地市场相关人士和机构的重视，相应的交易所推出了许多有关的指数。由于中国公司在香港上市分为 H 股和红筹股，有关的指数很难准确体现交叉上市公

司的具体情况。有鉴于此，恒生指数公司于2007年推出了专门以交叉上市公司股价计算的AH指数系列，包括AH股A指数和AH股H指数在内的4个指数。本章选择这两个指数作为样本进行建模，可以直接考察两地市场对价格发现的贡献。以AH股A指数为例，其编算方法如下

$$\begin{aligned}\text{现时指数} &= \frac{\text{现时的成分股调整市值}}{\text{上日的成分股调整市值}} \times \text{上日收市指数} \\ &= \frac{\sum (P_t^A \times IS^A \times FAF^A \times AF^A)}{\sum (P_{t-1}^A \times IS^A \times FAF^A \times AF^A)} \times \\ &\quad \text{上日收市指数} \\ &= \sum \left[\frac{P_t^A}{P_{t-1}^A} \times W_{t-1}^A\right] \times \text{上日收市指数}\end{aligned} \tag{7-17}$$

其中，P_t^A表示A股成分股当日收市股价（人民币）；P_{t-1}^A表示上日收市股价（人民币）；IS^A表示A股成分股已发行股份数量；W_{t-1}^A表示成分股于上日占AH股指数的比重；FAF^A表示A股成分股流通系数；AF^A表示A股成分股调整系数。AH股H指数以同样的公式计算，只是H股价格以港币计算。

本章数据来自于Wind资讯。由于2007年中国股票市场出现前所未有的牛市行情，股指大幅上涨，2008年又由于全球金融危机的影响大幅下跌，直至2009年才开始企稳，这段时期的股指与国民经济实际状况相背离。有鉴于此，选择2009—2010年共两年的数据作为研究样本，样本期间从2009年1月2日—2010年12月31日。由于中国国内股市与香港股市在节假日以及闭市时间存在差异，出现了数据不一致问题。为了将两市的交易数据对齐，方法如下：如果在某一日只有一个市场开市，另一个市场闭市，开市市场就会多一天交易数据，则根据开市市场当日的实际涨跌幅度把闭市市场的数据补充完整，最后得到的样本数据为507个。

本章采用两个指数的对数序列进行建模。收益率的计算采用对数差分形式

$$R_t^i = \ln(P_t^i / P_{t-1}^i) \tag{7-18}$$

其中，R_t^i表示第t日的收益率；P_t表示第t日的收盘价；i分别表示A股和

H 股。

AH 股 *A* 指数与 AH 股 *H* 指数的对数序列如图 7-1 所示。

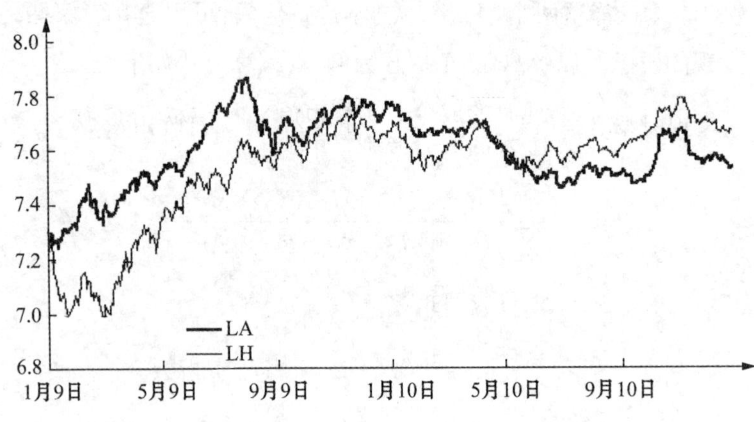

图 7-1 AH 股 *A* 指数与 *H* 指数的对数序列

7.2.2 实证结果

1）描述性统计

表 7-1 给出两个指数收益率序列描述性统计。通过表 7-1 可以发现，在整个样本期内，*H* 指数的收益率和标准差都比 *A* 指数的大，H 股具有更高的平均收益。从峰度看，两收益率序列的峰度均大于 3，尖峰特征明显。从偏度看，*A* 指数的收益率序列左偏明显，而 AH 股 *H* 指数的益率序列略显右偏。Jarque-Bera 统计量表明，正态统计检验均拒绝了两个收益率序列正态分布的假设。

表 7-1 AH 股 A 指数和 AH 股 *H* 指数的收益率描述性统计

统计量	均 值	标准差	偏 度	峰 度	Jarque-Bera	$Q(10)$	$Q^2(10)$
R_t^A	0.0005	0.0169	−0.3757	4.0725	36.228 (<0.01)	8.623 (0.568)	139.26 (<0.01)
R_t^H	0.0010	0.196	0.0007	3.8590	15.587 (<0.01)	17.631 (0.062)	970.65 (<0.01)

注：R_t^A 和 R_t^H 分别代表 AH 股 *A* 指数与 *H* 指数的收益率，括号内为相伴概率。

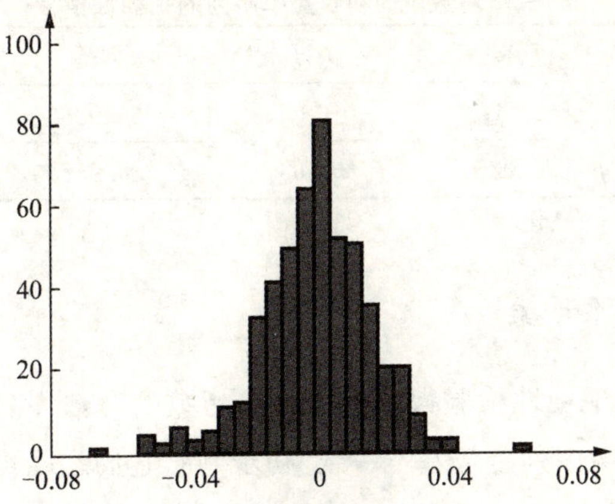

图 7-2　AH 股 A 指数收益率频率直方图

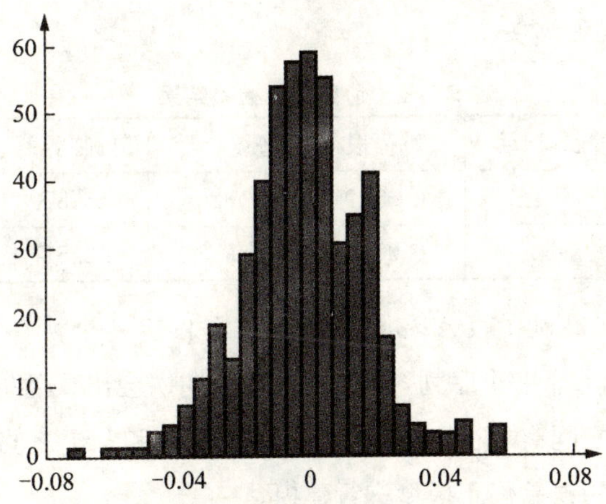

图 7-3　AH 股 H 指数收益率频率直方图

2）序列平稳性检验

首先要进行序列平稳性检验，它是后续研究开展的基础。本书同时使用 ADF 检验和 PP 非参数检验(PP)检验。表 7-2 给出序列检验结果。

从表 7-2 检验结果看，水平序列 LA 和 LH 是非平稳的，但其收益率序列 R_t^A 和 R_t^H 是平稳的。可见两个价格指数的对数序列是一阶单整过程。

表 7-2 对数序列和收益率序列的平稳性检验

统计量	LA	LH	R_t^A	R_t^H
ADF	−1.924	−1.636	−34.936***	−33.796***
PP	−1.926	−1.631	−34.938***	−33.806***

注:***表示 1%的水平下显著。

3）协整关系检验

从上面序列平稳性检验得出两个价格指数的对数序列是一阶单整过程,结合图 7-1,两序列走势基本一致,初步判断它们之间可能存在协整关系。但严格的判断需要用统计方法来确定。根据第一节中方法的介绍,采用 Johansen 协整检验来判断,检验过程中用 AIC 和 SC 准则来确定滞后的阶数。检验结果如表 7-3。

表 7-3 协整关系检验结果

原假设(H_0)	备择假设(H_0)	特征根	迹统计量	5%临界值值	相伴概率 P
$r=0$	$r=1$	0.0519	31.8234	25.8721	0.0081
$R\leqslant1$	$r=2$	0.0099	5.0136	12.5179	0.5944

协整检验结果显示,LA 和 LH 序列有且仅有一个协整关系。这说明 LA 和 LH 尽管是非平稳序列,它们的走势短期内会出现暂时偏离,但从长期趋势看,它们之间有着稳定均衡关系。由于 LA 和 LH 之间存在一个协整关系,因此可以用误差修正模型进行建模。

4）误差修正模型

根据式(7-7)和式(7-8)建立误差修正模型并进行估计,结果如表 7-4 所示。估计结果显示两个方程的误差修正项的 t 值分别为−2.3712 和 2.4374,两者在 5%下都显著。A 指数和 H 指数收益率序列受到了共同机制的调整,在长期内会维持稳定均衡的状态。误差修正项的系数分别为−0.0351 和 0.0414。从符号可以看出 A 指数的价格总体偏高,有向下调整的趋势;而 H 指数总体偏低,有向上调整的趋势。从数值的大小判断,H 指数的调整速度要比 A 指数的速度要快一些。

表 7-4　误差修正模型的估计结果

	常数项	误差修正项	ΔLA_{t-1}	ΔLA_{t-2}	ΔLH_{t-1}	ΔLH_{t-2}
ΔLA_t	0.0005 (0.0008) [0.6238]	−0.0351 (0.0148) [−2.3712]	−0.0398 (0.0550) [−0.7244]	−0.0182 (0.0550) [−0.3311]	0.0550 (0.0480) [1.1457]	−0.0314 (0.04793) [−0.6560]
ΔLH_t	0.0008 (0.0009) [0.9838]	0.0414 (0.0170) [2.4374]	−0.0489 (0.0631) [−0.7751]	0.0312 (0.0631) [0.4943]	0.0588 (0.0551) [1.0672]	−0.0641 (0.0550) [−1.1646]

注：圆括号内为标准差，方括号内为 t 统计量值。

5）价格发现贡献率

根据 Gonzalo 和 Granger(1995)的模型，两地市场价格发现的贡献 λ_1，λ_2 组成的向量(λ_1，λ_2)同误差修正模型的调整系数向量(α_1，α_2)的绝对值正交，即($|\alpha_1|$，$|\alpha_2|$)$\perp$＝(λ_1，λ_2)。从上表中得 $\alpha_1 = -0.0351$ 和 $\alpha_2 = 0.0414$，取其绝对值，算出 $\lambda_1 = 28.49$，$\lambda_2 = 24.15$。因此，

中国市场的价格发现贡献率为：$S_A = \frac{28.49}{28.49 + 24.15} = 54.12\%$，

香港市场的价格发现贡献率为：$S_H = \frac{24.15}{28.49 + 24.15} = 45.88\%$。

7.2.3　结果分析

从中国现有的为数不多的以交叉上市公司为研究对象的价格发现研究文献看，得出的结论并不一致。姚宁(2007)的研究结果表明 A 股和 H 股两地市场在价格发现中都作出贡献。董秀良、吴仁水(2008)的研究结果显示，总体上，H 股比 A 股具有更强的价格发现能力。王录琦(2009)的研究表明："股权分置改革前 A 股市场在价格发现中占有一定的优势，股改后，H 股市场在股票价格发现中的优势慢慢明显"。陈学胜，周爱民(2009；a，b)的研究结果却显示 A 股市场的贡献要高于 H 股市场。李宝仁，刘寅(2010)的研究结果显示内地市场的价格发现贡献平均超过 80%。由于研究人员所选择的方法和样本都不同，得出的结论并不一致。本书的研究结果发现，A 股市场的价格发现贡献率达到 54.12%，比 H 股市场的贡献多了

一些。

资本市场信息流动方向的有关理论中,“全球中心”假说的观点被普遍认同,即价格信息从全球金融中心流向其他市场,金融中心掌握着价格发现的话语权。内地市场与香港市场相比较,就目前的情况来说,无疑香港市场是“中心”。香港市场无论从法制基础还是市场监管等方面,都比中国内地市场完善。中国内地资本市场也在发展壮大,逐渐在国际资本市场占有一席之地,价格发现话语权不断增加。

资本市场中有效信息流动方向的有关理论中,还有一种假说,即“母国效应”假说,尤其体现在交叉上市的有关研究上。国外有关交叉上市价格发现的研究文献普遍支持了这种观点。交叉上市公司的资产主要在本国内,公司各种信息首先发生在本国市场,因此本国市场的信息流动应该在一定程度上具有引导国外市场的功能。就中国交叉上市公司而言,尽管香港的市场相对成熟和完善,但公司的主营业务主要在中国内地,内地市场拥有信息优势,因此在价格信息传递中内地市场可以引导香港市场。本章的研究结论支持了这一观点。

还有一个原因,近年来,中国公司交叉上市模式发生了很大的转变,从第 3 章第 4 节的统计表表明,2009 年和 2010 年中国共有 9 家公司在两地市场进行交叉上市,其中有 6 家公司采用了“先 A 后 H”模式,这种上市模式使中国国内市场拥有更多的股票发行量,从而使公司股票在内地市场的交易量增加,也因此有了更大的价格发现能力。本书研究的样本期间正是这两年,这种先内后外的交叉上市模式,提升了中国 A 股市场的价格发现能力。

7.3 交叉上市的波动溢出效应研究

7.3.1 收益率序列统计分析

图 7-4 和图 7-5 给出了 AH 股 A 指数和 H 指数的收益率序列。从图可以看出两个收益率序列的波动在不同的时间里起伏变化。另外,两个序列在某一时间段里同时出现相同方向波动的现象,而且在同一时间段中都同

时出现连续偏高或偏低的现象，说明两个收益率序列之间可能存在波动溢出现象。

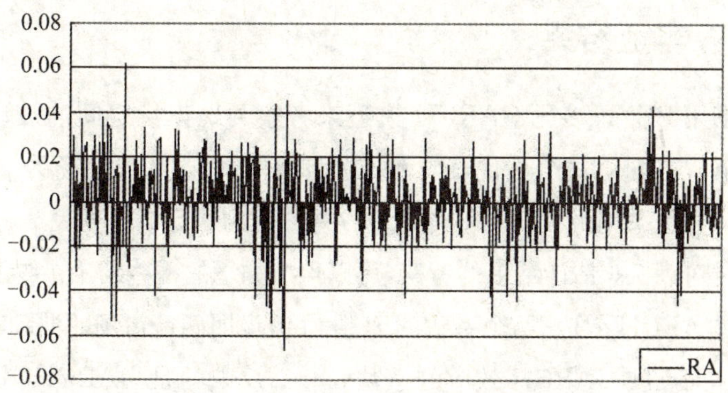

图 7-4　AH 股 A 指数收益率序列

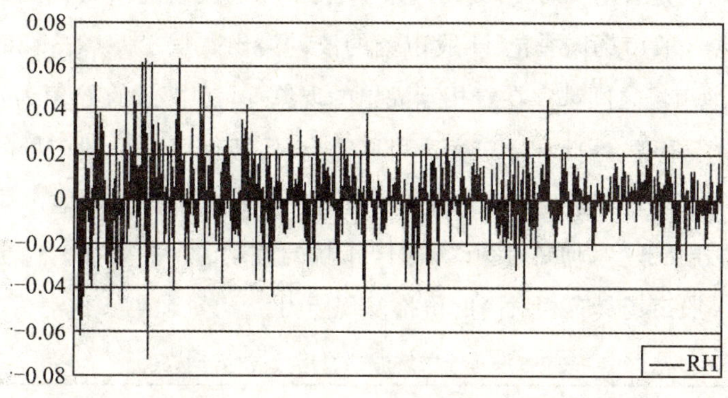

图 7-5　AH 股 H 指数收益率序列

在表 7-1 中，Q 和 Q^2 分别是收益率序列和收益率平方序列的 Ljung-Box Q 统计量，滞后阶数确定为 10。Q 统计量主要是检验序列是否为白噪声过程，由残差序列的自相关系数计算而得，服从卡方分布。如果 Q 统计量小于临界值，则认为序列不存在自相关。A 指数收益率序列 Q 统计量的伴随概率为 0.568，表明 A 指数收益率序列存在显著自相关；H 指数收益率序列 Q 统计量的伴随概率为 0.065，在 5%显著水平下也存在自相关。两者相比，A 指数收益率序列自相关严重些。两个收益率序列 Q^2 统计量的伴随概率都小于 0.01，说明收益率的平方序列不存在自相关。Q 统计量表明两收益率序列均具有的 ARCH 效应,前期的序列平稳性检验表明两个收益率序列是平稳的,可以用 GARCH 类模型建模。

7.3.2 实证结果

本书用 BEKK 多元 GARCH 模型来考察两地市场之间的波动溢出效应。本书假定 h_{11},h_{22}分别代表内地 A 股市场和香港 H 股市场的条件方差。模型估计方法采用极大似然估计法。方差方程的估计结果见表 7-5。

通过对表 7-6 估计结果的考察,可以得出如下的一些结论。参数 α_{11}、α_{22} 反映的是 ARCH 效应,两个系数的 P 值为 0,说明两地市场的波动都受自身的影响。而反映 GARCH 效应的系数 β_{11}、β_{22} 反映的是 GARCH 效应,两个系数的 P 值也为 0,说明两地市场的股价波动具有持久性的特征。参数 α_{12} 和 β_{12} 反映的是香港 H 股市场向内地 A 股市场的波动溢出,α_{21} 和 β_{21} 反映的则是内地 A 股市场向香港 H 股市场的波动溢出。从 α_{12}、β_{12}、α_{21} 和 β_{21} 的 P 值看,两地市场之间都存在着相互溢出的现象,但其中 α_{12} 的 P 值为 0.3357,统计结果不显著,因此相比较而言可以得出,H 股市场向 A 股市场的波动溢出较弱,而 A 股市场向 H 股市场的波动溢出较强。总之,两地市场之间存在相互溢出的现象,但 A 股市场向 H 市场的波动溢出更明显。这也进一步印证了 A 股市场具有相对高的价格发现能力。

表 7-5　两地市场波动溢出效应估计结果

参　数	系　数	标准差	t 统计量	P 值
c_{11}	0.0018	0.0010	1.7364	0.0825
c_{21}	0.0000	0.0000	0.0000	0.0000
c_{12}	0.0011	0.0008	1.2951	0.1953
c_{22}	0.0000	0.0004	0.0028	0.9978
α_{11}	−0.3055	0.0626	−4.8790	0.0000
α_{21}	0.2531	0.0714	3.5439	0.0004
α_{12}	−0.1961	0.2123	−0.9235	0.3557
α_{22}	0.2342	0.0680	3.4436	0.0006

（续表）

参　数	系　数	标准差	t 统计量	P 值
β_{11}	−0.3564	0.0497	−7.1765	0.0000
β_{21}	1.0541	0.0618	17.0654	0.0000
β_{12}	−1.2430	0.0672	−18.4880	0.0000
β_{22}	1.0499	0.0725	14.4824	0.0000

7.3.3　结果分析

以往的研究大都支持了 H 股市场对 A 股市场具有更强的波动溢出效应，如 Li 等(2000)的研究所指出的，H 股市场对 A 股市场有更强的波动溢出效应。Li 等人的解释是由于香港市场和中国内地市场交易不同步，香港市场比内地市场晚收盘近一小时，这种交易时间差异对信息传递方向造成了影响，导致 H 股市场对 A 股市场有更强的波动溢出效应。

本章研究结果表明中国内地 A 股市场和香港的 H 股市场之间的价格信息是相互传递的，但是，A 股市场向 H 股市场溢出更强一些。这是近年来中国资本市场出现的新特征。随着中国经济的不断发展壮大，近年来中国市场的改革以及 QDII 和 QFII 的增多，中国市场不断发展壮大，使得中国市场在应对信息的冲击时，能够做出更快的反应。本书选择建模的样本是 2009 年和 2010 年两年的指数收益率序列，在这两年中，中国交叉上市模式发生了根本性的转变。早期的中国 H 股公司基本完成了回归 A 股上市的工作，如今中国公司更多的是以“走出去”方式在 H 市场上市，这种交叉上市模式的转变影响了两地市场的波动溢出方向。

7.4　本章小结

本章从市场互动的角度考察了交叉上市的价格发现能力，同时考察了两地市场之间的波动溢出效应。

首先，以 AH 股 A 指数和 H 指数的对数序列进行建模，根据 Gonzalo 和 Granger(1995)提出永久暂时模型，对中国市场和香港市场的价格发现能力进行了考察,结果表明,两地市场在股票价格发现都作出贡献,但中国的A股市场在价格发现上具有相对主导的地位,A股市场的价格发现贡献率是54.12%,而H股市场的价格发现贡献率是45.88%。

同时,本章以AH股A指数和H指数的收益率序列建立多元GARCH模型,对两地市场之间的波动溢出效应进行考察,研究表明,内地A股市场对香港H股市场具有更强的波动溢出现象。这也说明了中国市场在价格发现上具有优势。

这是中国资本市场的新特征。中国经济持续稳定增长,以及中国资本市场进行的一系列改革,如股权分置改革、股票发行制度改革以及交叉上市模式的变迁等,使中国资本市场不断发展壮大,市场开放程度不断提高,中国市场与国际市场联系也日趋紧密,市场地位不断提高。

第 8 章　交叉上市的股价联动研究

本章继续沿着市场互动的视角考察交叉上市的股价联动影响。中国证券市场经过 20 多年的发展,已经成为全球重要的新兴市场之一,与世界主要市场之间的联系日趋紧密。在中国证券市场发展过程中,香港证券市场发挥着重要的借鉴作用。中国股票在 A 股市场和 H 股市场交叉上市使两地市场联系在一起,借鉴香港证券市场成熟的发展经验,不断带动中国证券市场发展壮大。交叉上市也使 A 股市场与 H 股市场的公司结构逐步趋同,促进两地市场间的价格联动。截至 2013 年,共有 83 家中国公司在 A 股市场和 H 股市场交叉上市,并有多家公司在国内、香港、新加坡、美国和英国等证券市场进行三重或四重交叉上市,成为联系中国资本市场与海外市场的纽带。这些交叉上市公司尽管数量不多,但市值和盈利能力占据市场绝对重要位置,是中国证券市场的中坚力量。随着股权分置改革的完成,QDII 和 QFII 的放开,中国证券市场得到了进一步发展,交叉上市模式也悄然发生变化,由之前单一的先 H 后 A 模式逐渐出现同步上市、先 A 后 H 等模式,近年来主要以先 A 后 H 这种走出去模式为主。随着这些交叉上市公司不断增加,A 股市场与 H 股市场之间的价格联动也将不断增强。通过香港证券市场的"窗口"作用,带动中国证券市场与世界市场的价格联动,提升中国市场的国际化地位。

基于交叉上市的视角,考察 A 股市场与 H 股市场之间的联动性,有助于定位中国证券市场发展的程度和国际化水平,为制定中国证券市场发展的政策提供经验证据,促进中国市场的国际化,以及提高风险控制能力。

本章以交叉上市为视角，应用Copula模型对后危机时代中国A股市场与H股市场的联动性进行考察，拟合两地市场的联动性，揭示其中的规律，并结合交叉上市和香港证券市场的窗口作用探讨中国证券市场国际化之路。

8.1 研究思路

有关股票市场联动机制的研究文献较多，学者从不同的角度进行解释，主要有经济基础假说(Economic Fundamental Hypothesis)和市场传染假说(Market Contagion Hypothesis)。经济基础假说的观点认为:国家之间一些共同的经济基础，如经济结构、货币供应、贸易等因素，使得国家之间的股价波动趋于一致。Adler和Dumas(1983)的研究表明国家之间股价联动的根源在于经济基本面之间的联系。McQueen和Roley(1993)的研究认为，国家之间经济基本面存在相互联动性，宏观经济指标的变动会同时对本国和其他国家上市公司的未来现金流和折现率产生影响，因而使得国家之间的股价产生联动。Colmolly和Wang(1998)通过美、英、日三国的货币供应、工业制造、价格通胀、失业率以及贸易赤字等经济指标的公告来解释三国之间的股价联动性。Gerrits和Yuce(1999)的研究认为，各国经济贸易往来的增加，商品、服务、金融、人力资源等在各国间的流动性增加使得各国市场的联动性越来越强。Contessi等(2010)的研究认为欧洲各国经济结构的趋同以及欧元的使用使欧洲各国的股市近年来联动效应显著增强。

然而影响股价联动的原因是多方面的，并不是所有的研究都支持经济基础假说，市场传染假说是以证券市场上投资者的行为特征为研究对象来解释股市联动性的现象。King和Wadhwani(1990)提出了一个研究跨市场收益率和波动溢出的信息获取模型，来研究不同股市联动中难以被观察到的经济基本面因素解释的部分。Hamao et al(1990)的研究表明，美国证券市场的交易情况会显著地影响日本证券市场的交易，英国证券市场的交易也会影响日本市场的交易，但是反向传导效应很弱。Colmolly和Wang(2002)在其1998年研究基础上发现美、英、日三国股票市场日内和隔日收益率相关性中的很大部分不能由宏观经济信息公告来解释，他们认为投资者从股市交易中得到的信息会及时调整其投资行为，这种投资行为最终导致不同股市收益率的相关性。

国内学者也对中外股市的联动性进行了研究，大多数研究文献表明中国股价与国际证券市场的联动性很低。赵振全等(2005)，张兵等(2010)，周伯诚等(2011)，蒋彧、裴平(2012)等的研究都支持了这一观点。这些研究表明中国证券市场属于新兴的市场。从经济基础的角度，中国与国外发达国家有着不同的经济发展背景，经济发展的程度明显不同，又由于中国与国外市场还存在相当严重市场分割，外国投资者还不能自由投资中国股市，因此，中国证券市场与国际市场的联动性低是必然的。但研究文献都表明，近年来，中国股市与国际市场的联动性有增强趋势。

从交叉上市的角度，研究文献不多。Karolyi & Stulz(1996)以日本公司在美国交叉上市的 ADRs 为研究对象考察市场的联动性，他们认为美国宏观经济新闻公告、工业生产等信息对美、日股市的联动性并不产生影响，由此他们支持市场传染假说。中国公司 AH 股交叉上市的现象也吸引了很多学者的关注，考察交叉上市的价格差异、价格发现、市场联动等多方面问题。国内基于交叉上市的股价联动的研究不多，比较有代表性有李勇、李传乐(2008)对 A 股和 H 股之间的波动溢出效应的考察，该研究基于向量 GARCH 模型进行实证研究，结果表明股权分置改革基本完成之后，交叉上市公司 A 股与 H 股之间的风险传染效应的方向是 A 股对 H 股具有风险传染效应，而 H 股对 A 股却没有风险传染效应。董秀良、吴仁水(2008)以 AH 交叉上市公司为纽带考察了中国市场与国外主要市场价格信息波动溢出效应，研究认为在股价波动溢出关系上，主要表现为 H 股向 A 股的溢出。

综上可知，中国证券市场与世界主要市场的联动性还不高，主要由于中国市场属于新兴市场，证券市场的发展有着特殊的轨迹。对国内市场与国外市场联动性的研究也由于研究人员不同的角度和方法，研究的结论有所差异。中国证券市场交叉上市引起 A 股和 H 股联动的现象，有待进一步研究。

8.2 研究方法

8.2.1 Copula 理论

Copula 一词是法语，是连接、交换的意思。Copula 函数的提出尽管很早，但直到 20 世纪 90 年代才应用于金融领域，之后得到迅速发展。Copula 函数是定义域为[0,1]均匀分布的多维联合分布函数，可以将多个随机变量的边缘分布连接起来得到它们的联合分布。Sklar 证明了一个联合分布函数与相应的 Copula 函数之间的联系。根据 Sklar 定理，对一个 P 维的联合分布函数 F，其连续的边缘分布为 $F_i, i=1,\cdots,p$，那么存在一个唯一的 Copula 函数，使得 $F(x_1,\cdots,x_p)=C(F_1(x_1),\cdots,F_p(x_p))$，即

$$C(u_1,\cdots,u_p)=F(F_1^{-1}(u_1),\cdots,F_p^{-1}(u_p)) \tag{8-1}$$

其中，$u_i=F_i(x_i), i=1,\cdots,p$。

如果 F 是可微的，那么联合密度函数可以从式(8-2)得到

$$\begin{aligned} f(x) &= \frac{\partial^p C(u_1,\cdots,u_p)}{\partial x_1 \partial x_2 \cdots, \partial x_p} F(x) \\ &= \prod_{i=1}^{p} f_i(x_i) \frac{\partial^p C(u_1,\cdots,u_p)}{\partial x_1 \partial x_2 \cdots \partial x_p} C(F_1(x_1),\cdots,F_p(x_p)) \end{aligned} \tag{8-2}$$

$$f(x)=\prod_{i=1}^{p} f_i(x_i)c(F_1(x_1),\cdots,F_p(x_p))$$

相应的 Copula 密度函数为

$$c(u_1,\cdots,u_p)=\frac{f(F_1^{-1}(u_1),\cdots,F_p^{-1}(u_p))}{\prod_{i=1}^{p} f_i(F_i^{-1}(u_i))} \tag{8-3}$$

Copula 参数可以通过极大化下面的对数似然函数得到

$$\begin{aligned} L(\xi;x) = \sum_{j=1}^{T}\sum_{i=1}^{p} \log(f_i(x_{i,t};\phi_i) + \\ \log(c(F_1(x_{1,t}),\cdots,F_p(x_{p,t});\theta)) \end{aligned} \tag{8-4}$$

其中，$\xi=(\phi,\theta)$，包含边缘参数 $\phi=(\phi_1,\cdots,\phi_p)$ 和 Copula 参数 θ。

上式可以分解成两个部分:边缘似然对数函数

$$mL(\phi;x)=\sum_{i=1}^{p}mll_i=\sum_{j=1}^{T}\sum_{i=1}^{p}\log f_i(x_{i,t};\phi_i) \tag{8-5}$$

与 Copula 对数似然函数

$$cL(\theta;u,\phi)=\log(c(F_1(x_{1,t}),\cdots,F_p(x_{p,t});\theta)) \tag{8-6}$$

其中,$u=(F_1(x_1),\cdots,F_p(x_p))$。由此可见可以通过两步法求得所需要的 Copula 参数:先通过式(8-5)求得边缘分布的参数,再通过式(8-6)求得最终的 Copula 参数。

随着 Copula 理论的发展,根据联合分布函数相依结构对数似然函数的不同,可以将 Copula 函数分为不同的类型,主要有椭圆型、阿基米德型和二次型等,椭圆型主要包括 Gaussian-Copula、t-Copula,阿基米德型主要包括 Frank-Copula、Clayton-Copula、SJC-Copula 等多种类型。Frees 和 Valdez (1998)指出不同的 Copula 函数刻画不同的尾部相依特征,选择正确的 Copula 函数形式对于测度联合分布函数相依性具有重要的意义。因此在考察金融时间序列联动时要注意 Copula 函数的选择。

8.2.2　时变相关 Copula 函数的演化方程

如果考虑序列之间的动态相关特性,可以用时变 Copula 函数进行刻画。以 Gaussian-Copula 为例,两个变量边缘分布的相关结构由一个二元正态 Copula 函数来描述,其分布函数为

$$\begin{aligned}&C(u,v;\rho)\\&=\int_{-\infty}^{\Phi^{-1}(u)}\int_{-\infty}^{\Phi^{-1}(v)}\frac{1}{2\pi\sqrt{1-\rho^2}}\exp\left\{\frac{-(r^2+s^2-2\rho rs)}{2(1-\rho^2)}\right\}\mathrm{d}r\mathrm{d}s\end{aligned} \tag{8-7}$$

其中,$\Phi^{-1}(\cdot)$是标准正态分布函数的逆函数;$\rho\in(-1,1)$表示相关参数。当考虑动态关系时,ρ 就是时变相关参数。构建时变 Copula 模型的关键是建立 Copula 函数相关参数的演化方程。Patton(2004)提出的 Gaussian-Copula 的参数演化方程为

$$\rho_t=\tilde{\Lambda}(\omega+\beta\rho_{t-1}+\alpha\times\frac{1}{q}\sum_{i=1}^{n}\Phi^{-1}(u_{t-1})\Phi^{-1}(v_{t-1})) \tag{8-8}$$

其中，函数 $\tilde{\Lambda}(\cdot)$ 的定义为：$\tilde{\Lambda}(\cdot)=\frac{1-e^{-x}}{1+e^{-x}}$，通过式(8-8)就可以求出动态参数。

8.2.3 边缘分布的刻画

Copula 函数是一个边缘在[0,1]上均匀分布的多元分布函数在 I^2 上的限制，在进行 Copula 模型建模时，首先要对金融时间序列的边缘分布进行描述，使之符合在[0,1]上的均匀分布。本书选择拟合度较好的非参数核密度估计来刻画单个金融资产的边缘分布函数。设某金融资产的边缘分布函数为 $\hat{F}_n(r_n)$，在 r_n 处的估计值为

$$\hat{F}_n(r_n)=\frac{1}{T}\sum_{t=1}^{T}K\left(\frac{r_n-R_{nt}}{h}\right) \tag{8-9}$$

其中，$K(\cdot)$ 为核函数，h 为窗宽。当核函数为 $K(\cdot)$ 为正态核函数时，最佳窗宽 $\hat{h}=1.06\sigma n^{-1/5}$；$\sigma$ 为样本序列标准差。

8.3 实证过程与分析

8.3.1 变量选择与描述性统计

中国交叉上市公司大多数是国有大中型企业，对 A 股市场有着举足轻重的影响。随着中国公司在 A 市场和 H 股市场交叉上市数量的增加，两地市场的相关机构高度重视，许多交易所推出了相关指数，其中恒生公司于 2007 年对这些交叉上市公司专门推出了 AH 股系列指数，包括 AH 股 *A* 指数，AH 股 *H* 指数，AH 股 *AH* 指数和 AH 股溢价指数。本书选择 AH 股 *A* 指数和 AH 股 *H* 指数进行建模，时间从 2008 年 9 月 1 日～2013 年 7 月 31 日。选择这一样本期间，主要是基于考察后危机时代中国 A 股市场与 H 股市场的联动性，这一时期股市处于相对低迷的平稳阶段，排除了 2007～2008 年间股市大起大落的情况，也出于考察最新近的两地市场互动的情况。

由于两地市场因节假日休市时间不同因而出现了数据不一致问题。本

章采用以下做法进行对齐：在某日只有一个市场交易，根据开市市场当日实际涨跌幅度把闭市市场的数据补充完整，这样共得到样本数据 1 231 个①。本章采用收益率序列进行建模，收益率的计算公式为：$r_{it}=\ln(p_{it}/p_{i,t-1})$，$p_t$ 表示第 t 日的收盘价。

本章数据来源于通达信金融终端软件，数据处理与建模过程在 Matlab R2012b 软件上进行。

图 8-1 给出了 *AH-A* 指数与 *AH-H* 指数收盘价序列。从图可以看出，股票指数的走势基本一致，2008 年 9 月 1 日～2009 年末股价还处于上升阶段，A 股的价格高于 H 股的价格。从 2010 年开始，股票指数总体处于下行趋势，而且，股价开始出现倒挂现象，A 股指数低于 H 股指数，也说明 A 股处于熊市阶段。

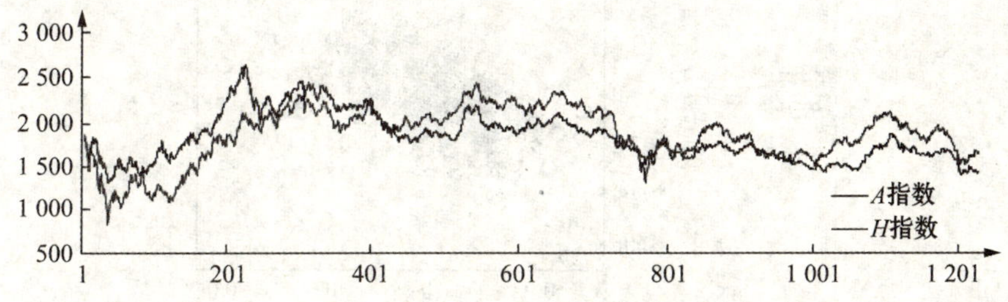

图 8-1　*AH-A* 指数与 *AH-H* 指数序列

表 8-1 给出两地市场收益率序列的描述性统计。从均值看，两地市场收益率为负值，表明后危机时代，指数总体呈现下滑趋势，收益率下降，相比较而言，A 股跌势更大一些。从标准差看，在这一期间 H 股市场比 A 股市场波动会更大一些，也可见在这一段时期中国股市处于低迷的状态，投资者缺乏热情，股价反弹乏力。从偏度看，两收益率序列均为右偏，H 股右偏比 A 股多一些。从峰度看，两收益率序列的值均大于 3，尖峰特征明显。J-B 统计值都拒绝了两收益率序列正态分布的假设。

① 如果简单采用把某地市场休市日的数据剔除的方法进行数据对齐，会出现指数的收益率异常值，比如 *AH-A* 指数的收益率超出(−0.1,0.1)范围，与实际情况不符。

表 8-1　AH 股 A 指数和 AH 股 *H* 指数的收益率序列描述性统计

统计量	均　值	标准差	偏　度	峰　度	J-B统计
r_A	−0.0001	0.0071	0.0602	6.4726	619.26 P=0.001
r_H	−5.92e-05	0.0099	0.1520	10.5701	294.42 P=0.001

从两收益率序列联合分布散点图和各自的直方图看(见图 8-2),收益率只要集中在 0 附近,同时两地市场收益率序列有明显的联动特征,即当某市场收益率上涨或下降时,另一市场的收益率也上涨或下降。直方图也可以初步判断尖峰后尾的特征。

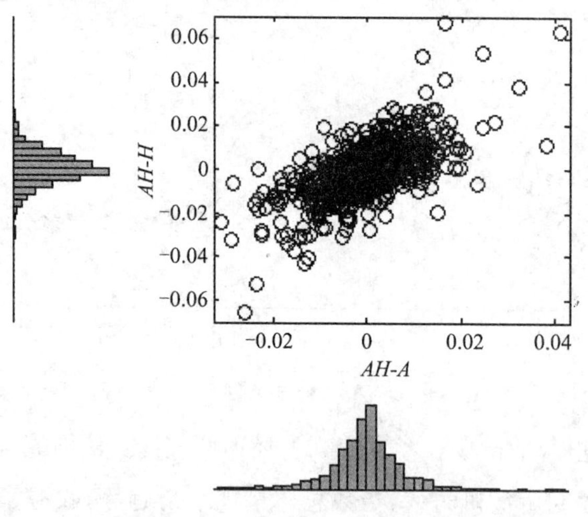

图 8-2　收益率序列联合分布散点图

8.3.2　边缘分布估计

调用 ksdensity 函数分别估计两收益率序列的边缘分布,并用 *K-S* 法检验分布函数是否服从[0,1]上均匀分布。*AH-A* 收益率边缘分布的 *K-S* 统计值为 0.0220,*P* 值为 0.5830,*AH-H* 收益率边缘分布的 *K-S* 统计值为 0.0172,*P* 值为 0.8532,说明边缘分布都服从[0,1]上的均匀分布,因此可以对两边缘分布序列进行 Copula 模型拟合。图 8-3 给出了变换后收益率序列散点图,可以看出收益率序列在[0,1]上均匀分布。此外,图 8-4 给出了变换后收益率序列的二元频率直方图，可以初步判断直方图大致有对称的尾部，即收益率序列联合密度函数具有对称的尾部结构。

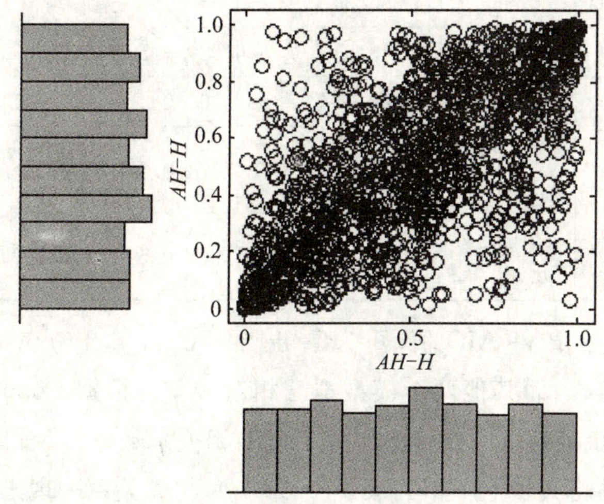

图 8-3　变换后的收益率序列联合分布散点图

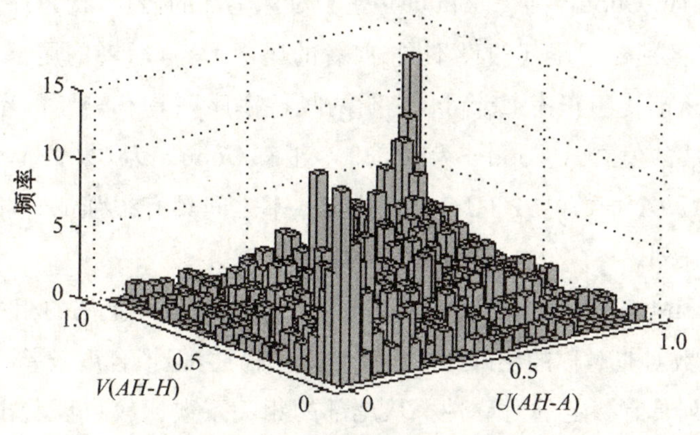

图 8-4　二元频率直方图

8.3.3　常相关 Copula 模型估计结果与分析

为了进行对比和判断，本书选择常相关与时变相关的 Copula 函数进行建模。常相关的 Copula 函数选择了 Gaussian-Copula、Clayton-Copula、Gumbel-Copula、t-Copula 和 SJC-Copula 进行建模并比对，估计值如表 8-2 所示。

表 8-2 常相关 Copula 函数的相关系数估计值

Copula 函数	参数	L. lik.	AIC	下尾	上尾	尾部
Gaussian-Copula	0.6691	365.34	−730.68	0	0	对称(零)
Clayton-Copula	1.3060	313.31	−626.62	0.5882	0	仅下尾
Gumbel-Copula	1.8358	343.78	−687.56	0	0.5413	仅上尾
t-Copula	0.6897 5.6706(v)	392.39	−784.77	0.3067	0.3067	对称尾部
SJC-Copula	*U* 0.4275 *L* 0.5282	370.90	−741.79	0.5282	0.4275	非对称

结合似然值和 AIC 值，可以看出 SJC-Copula、t-Copula、Gaussian-Copula 拟合较好，而其他两个模型拟合相对较差。根据 Copula 函数的性质，SJC-Copula 能够同时衡量上尾和下尾的相关系数，可以看出，下尾相关系数(0.5282)略大于上尾相关系数(0.4275)，相关关系表现出略微的不对称性。

Gaussian-Cupula 与 t-Copula 是基于对称尾部的假设，衡量序列中间值的相关性，区别在于尾部假设不同，前者的尾部为零，后者的尾部非零。其中 t-Copula 略优于正态 Copula，说明两收益率序列具有较厚的尾部特征。从相关系数的值看，t-Copula 为 0.6897，正态 Copula 为 0.6691，两数值接近，说明 *AH-A* 指数与 *AH-H* 指数的收益率之间具有很强的正相关关系，股价联动强烈。

Clayton-Copula 与 Gumbel-Copula 分别描述下尾与上尾的相关关系，两 Copula 函数对非对称的尾部相关性有较好的描述，但拟合度较差，也说明两收益率序列具有一定的对称性。从尾部的相关系数比较可以看出，下尾相关系数更大一些，与 SJC-Copula 模拟结果相一致。

综合以上分析可以得出，不能用单一的 Copula 函数对两收益率序列进行全面描述，但大致可以判断两收益率序列中间值的相关系数大于尾部的相关系数，尾部相关性中下尾比上尾更强一些。

8.3.4 时变相关 Copula 模型估计结果与分析

常相关系数反应的是两股市之间的静态关系，无法揭示和把握两股市之间的动态联动过程，为此本书通过时变 Copula 函数进行描述。本书选择了 Gaussian-copula、SJB-Copula 进行建模比对。表 8-3 给出了动态 Copula 函数的估计值，如表 8-3 所示。

表 8-3　时变相关 Copula 函数的相关系数估计值

<table>
<tr><th colspan="2">Copula 函数</th><th>ω</th><th>α</th><th>β</th><th>L. lik.</th><th>AIC</th></tr>
<tr><td colspan="2">Gaussian-Copula</td><td>3.6783</td><td>−0.6361</td><td>−2.1178</td><td>393.98</td><td>−787.96</td></tr>
<tr><td rowspan="2">SJB-Copula</td><td>UU</td><td>−0.8367</td><td>−2.0193</td><td>2.1111</td><td rowspan="2">403.55</td><td rowspan="2">−807.10</td></tr>
<tr><td>DL</td><td>−1.9029</td><td>−0.8403</td><td>4.1130</td></tr>
</table>

表中 β 值是时变相关系数 ρ_t 与其滞后一阶滞后值 ρ_{t-1} 的联系。由 AIC 值与似然值可以看出 SJB-Copula 比 Guassian-copula 拟合更好一些。通过各自的演化方程，得到时变相关的 Copula 函数估计值，分别刻画了中间值与尾部相关的动态过程。

图 8-5 给出了正态 Copula 函数的常相关系数与时变相关系数的估计值，可以看出时变相关系数与相关系数并不一致，A 股与 H 股之间动态联动的过程要复杂得多。在图 8-5 的前一小段，时变相关系数低于常相关系数，而跳跃幅度很大(大致在 2008 年 9 月 1 日～2008 年 10 月 30 日期间)，之后时变相关系数围绕常相关系数上下波动，但跳跃幅度仍然比较大(大致在 2008 年 11 月 1 日～2009 年 7 月 31 日期间)。此后时变相关系数基本上比常相关系数大，波动幅度也较小。这种现象可以从当时 A 股市场的实际情况得到较好的解释。结合图 8-1，在 2008 年 9 月 1 日～2008 年 10 月 30 日这一期间，当时国内 A 股市场还处于金融危机后的超跌时期，因此两地市场

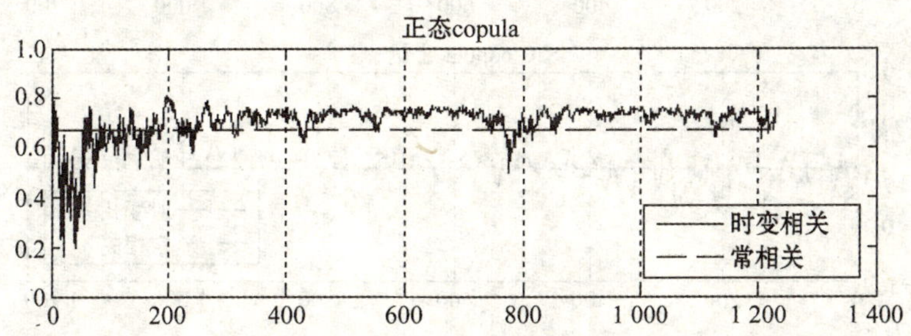

图 8-5　正态 Copula 函数常相关与时变相关估计值比较

的联动性比较低。在 2008 年 11 月 1 日～2009 年 7 月 31 日期间，市场处于超跌之后的反弹时期，两地市场的联动性基本围绕常相关系数上下波动。此后进入了相对稳定的熊市期间，时变相关系数高于常相关系数。另外，结合图 8-6(AH 股溢价指数)，发现一个有趣的现象，就是当溢价指数出现极值点时，两地市场的联动性就比较低。这一现象也可以从市场交易者得到解释，当溢价指数出现极值点，说明两地市场投资者对未来股价趋势判断存在差异，导致了股价相关性的降低。

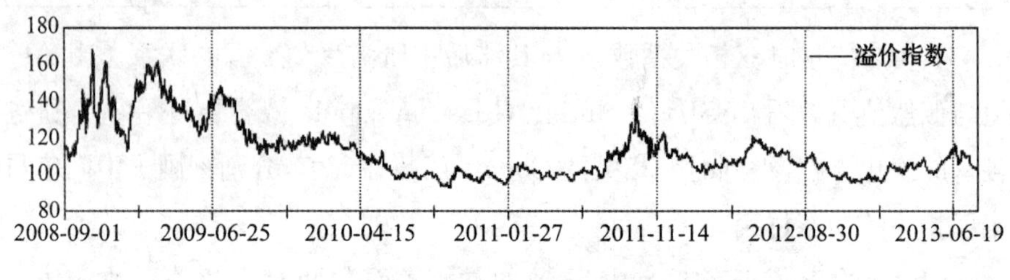

图 8-6　AH 股溢价指数

图 8-7 给出了 SJC-Copula 函数的常相关系数与时变相关系数的估计值，可以看出上尾与下尾的动态走势并不相同。上尾的时变相关系数基本围绕常相关系数上下波动，而下尾的时变相关系数前半部分小于常相关系

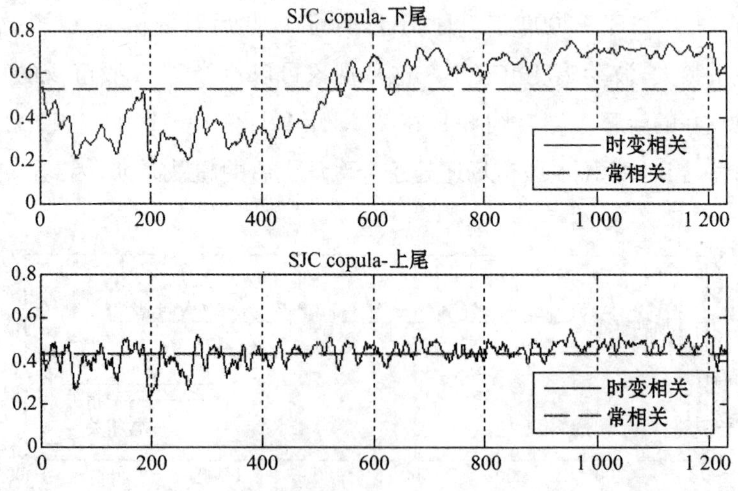

图 8-7　SJB-Copula 函数的常相关与时变相关估计值比较

数，后半部分则大于常相关系数。Frees 和 Valdez(1998)指出，在熊市期间，下尾处的变化十分敏感，金融市场间的相关性会出现增强的情形。结合图 8-1 的两地股价走势也可以进行很好的解释，在样本选择期间的后半部分，市场处于真正的熊市期间，A 股与 H 股的指数都处于缓慢下降的趋势，因此，下尾的时变相关系数比常相关系数大。

8.4 股价联动与证券市场国际化的思考

从以上的实证分析可以看出，基于交叉上市的视角，A 股指数与 H 股指数在后危机时代的相关关系尽管随时间变化而变化，但基本上维持在较高水平，市场联动强烈(相关系数在 0.67～0.69 之间，不考虑尾部相关的细节)。然而，上证指数与恒生指数的联动性就相对低得多。周佰成(2011)的研究表明，2009 年上证与恒生指数的相关系数为 0.5 左右，而在 2003 年相关系数仅仅为 0.1 左右。该研究还表明，近年来两地市场的联动性不断增强。中国证券市场与香港证券市场联动性不断增强源于近年来两地资本的融通与实体经济越来越广泛地渗透。当然，交叉上市公司是直接的动力之源。这些 AH 股交叉上市公司占了上证综指权重的七成之多，使得 A 股市场与 H 股市场的股权结构与估值结构不断趋同，也使得 A 股市场与 H 股市场的联动性日趋强烈。随着交叉上市公司的不断增多，A 股与 H 股市场的联动性还将增强。

尽管 A 股与 H 股市场的联动性较强，但从中国与美国等成熟市场的联动性看，市场联动性不高。蒋彧(2012)的研究表明，在 2007—2010 年底这一期间，中国与美国的证券市场之间的平均相关系数仅为 0.18 左右，处于很低的水平。当然一个可喜的变化是，2010 年开始，中美股市的联动性有增强趋势。张兵(2010)的研究表明中美股票不存在长期均衡关系，走势相对独立。徐有俊(2010)的研究表明，中国股市与世界发达国家、亚太成熟市场、亚洲新兴市场之间动态条件相关系数的均值(0.101，0.094，0.205)比印度和其他市场间的相关系数均值(0.382，0.313，0.564)小，反映了中国股市还处于相对封闭状态。这些研究表明中国证券市场是一个新兴市场，市场成熟程度和与外部的联动仍然很低，证券市场的国际化之路还有相当长过程。

目前中国已成为世界第二大经济体，在国际金融领域扮演日益重要的角色，中国股票市场目前也已经是全球第三大资本市场，若将海外上市公司包括在内，中国股市则是全球第二大市场。中国股票市场与国际市场的联动性不强与中国经济以及资本市场的实力不相称，因此中国证券市场的国际化趋势势在必行。

要提高中国证券市场国际化，首先要利用好香港证券市场的国际化窗口。香港作为国际金融中心之一，与世界主要证券市场有着密切的联系。中国证券市场的发展过程中，香港证券市场的作用不可磨灭。通过 H 股回归 A 股的形式，使得 A 股不断发展壮大。如今这种交叉上市模式有了改变，已出现 AH 股同步上市模式以及先 A 后 H 的走出去的模式。香港作为国际成熟的证券市场之一，与世界其他的证券市场之间的联动性较强。增加 A+H 股交叉上市公司的数量和市值，必然使得 A 股市场与 H 股市场的联动性增强，通过 H 股市场的桥梁作用，使得 A 股市场与国际市场的联动性增强，实现中国证券市场的国际化。

其次，实现中国证券市场国际化需要加强自身市场制度建设。只有在诚信交易成为所有市场参与者的共识与切实行动的市场环境下，才能切实保护好投资者的利益，驱使上市公司上市理念的改变，促进市场投资者的结构趋向合理，实现市场的内生性增长。当然，要实现这一点，中国的证券市场还有很长的路要走。香港证券市场是一面镜子，在信息披露、市场监管等交易制度的许多方面值得中国学习和借鉴。

再次，国际化的证券市场需要国际化的经济体为依托。国际化的经济体是证券市场国际化的经济基础。中国的经济总量尽管已经是世界第二，但中国经济目前正处于结构转型和产业升级的艰难过程之中，只有完成这一历程，并使整体经济运行呈现更市场化的特征，中国经济才能算是国际化的经济体。实现中国经济的国际化也必然使中国的证券市场走向国际化。

当然，要实现中国证券市场国际化，还要注意防范国际金融风险。证券市场国际化必然使得证券市场之间的联动性增强，风险传染效应也相应增强，证券市场乃至经济实体也更容易受到外部的冲击。因此在实现证券市场国际化的同时，也对中国证券市场抗风性能力提出更高的要求。

8.5　本章小结

对市场间股价联动机理的研究一直是资本市场的研究热点之一，考察中国证券市场与海外市场的联动性，可以判断中国市场的发展程度。本书从交叉上市的角度，考察了中国 A 股与 H 股市场的联动性。选择了常相关和时变相关的多种 Copula 模型进行比较分析。从常相关的 Copula 模型的实证考察中发现，A 股与 H 股之间的相关关系具有一定的对称性，但下尾相关系数略强。在样本选择期间，A 股市场与 H 股市场相关系数接近 0.7 左右，两地市场呈现出较强的联动性。时变 Copula 模型也印证了常相关模型的结论，两地股市之间保持相对稳定的动态联动关系。尾部联动性表明，下尾相关性较强，上尾则相对弱一些，其中的机理还有待进一步研究。

中国证券市场国际化是必然趋势。本章从 A 股市场与 H 股市场之间的联动性拓展看来，结合交叉上市活动和香港证券市场的窗口作用探讨了中国证券市场的国际化问题，提出了中国证券市场国际化之路的建议，以期中国证券市场健康发展和壮大。

第9章 结论、启示与后续研究设想

本章对全书进行总结。本章结构安排如下：第1节对本书主要结论进行总结；第2节在研究结论的基础上对政府相关管理部门、公司和广大投资者提出了政策建议；第3节对本书研究的局限性进行了说明，并指出未来进一步研究方向。

9.1 主要研究结论

本书结合中国特色的经济背景，以中国公司在国内A股市场香港H股市场交叉上市行为为研究对象，在充分分析中国公司交叉上市政策背景、模式和公司特征的基础上，运用实证方法对中国公司交叉上市的影响进行了较为全面研究——从公司的角度考察了交叉上市对公司治理和经营绩效的影响；从投资者的角度考察了交叉上市的市场反应；从市场互动角度考察了交叉上市的价格发现和波动溢出效应。本书得到一些有参考价值的研究结论：

第一，中国公司交叉上市主要是政府主导下进行，交叉上市模式多样。中国公司交叉上市现象伴随中国资本市场的发展而发生，中国公司交叉上市的历程是中国资本市场发展轨迹的一个缩影。中国交叉上市公司大都是国有或国有控股的大型公司，是国民经济重要的微观基础。这种特点使中国公司交叉上市行为大多在中国政府主导下进行，政府在公司交叉上市中扮演着重要的角色。中国政府相关部门有关交叉上市政策经历了“鼓励-限制-鼓励”过程，中国公司交叉上市历程也经历了“发展-停滞-加速”3 个阶段。中国政府相关部门这种政策的选择与中国资本市场发展状况以及国内外经济发展状况有关。

香港与中国内地的特殊关系，使中国公司交叉上市活动主要在香港 H 股市场和内地 A 股市场之间进行。中国公司交叉上市模式呈现多样化，由早期单一的“先 H 后 A”模式，逐渐演变为“先 H 后 A”、“A＋H 同步”和“先 A 后 H”三种模式共存。“先 H 后 A”模式是基于当时中国现实经济条件下一种无奈选择，这种模式使中国 A 股定价权受制于 H 股，国内投资者利益也受到损害。随着中国经济持续稳定增长，中国资本市场也不断发展壮大，中国公司交叉上市模式也发生变迁。近年来，中国公司主要以“A＋H 同步”和“先 A 后 H”模式进行交叉上市。“A＋H 同步”和“先 A 后 H”模式可以维护中国 A 股市场的定价权，可以使 A 股市场有更多发行量，使国内投资者受益。“先 A 后 H”有望成为今后中国公司交叉上市的主流模式。交叉上市模式的变迁也反映了中国资本市场不断发展壮大。

第二，交叉上市可以限制控股股东侵占公司资金，改善公司治理，提高投资者保护水平。中国证券市场市场作为一个新兴市场，有许多不完善的地方。从公司层面看，公司治理问题就是其中之一。许多上市公司治理结构不合理，投资者利益得不到有效保护。交叉上市作为一种外部机制被认为是改善公司治理的一种有效途径。就中国交叉上市公司而言，尽管第一大股东持股比例较高，国有或国有控股的公司占大多数，但这些公司在香港 H 股市场交叉上市遵守了更严厉的上市准则，接受更严格的市场监督，促进公司推行更先进的公司治理实践，不断改善公司治理水平，加强了投资者利益的保护。本书以控股股东对公司资金占用量作为衡量公司治理水平变量，运用 Logit 模型进行实证分析，结果显示，中国交叉上市公司控股股东占用公司资金的比例比非交叉上市公司低，交叉上市可以改善公司的治理结构，从而提高投资者保护水平。

第三，总体上，中国交叉上市公司在交叉上市后的 3 年时间里，公司经营绩效是下滑的。交叉上市虽然改善了公司治理结构，提高了投资者保护水平，但公司在交叉上市后的业绩却显现出下滑趋势。本书从公司盈利能力、营运能力、偿债能力和成长能力等4个方面选择了8个财务指标建立综合评价指标体系，运用主成分分析法对中国公司在交叉上市之后3年(包括当年)时间里的经营绩效变化进行考察。研究结果显示，公司在交叉上市的当年和此后的两年中，公司业绩得分均值分别是0.242、－0.035和－0.207，下滑明显。本书还根据中国交叉上市公司的行业分布、交叉上市模式对公司经营绩效变化进行归类分析，对交叉上市公司经营绩效下滑的原因进行了解释，认为主要有4个原因。①交叉上市增加了公司的经营成本。公司在交叉上市时以及后续上市维护管理等费用不少，在公司经营业务无重大改善的情况下，这些费用严重影响了公司的业绩。②中国交叉上市公司主要分布在采掘业、制造业、交通运输等行业。这些行业特点是生产周期长，前期需要大量资金投入，生产效益无法立刻显现，因而影响了公司的业绩。③交叉上市前的会计操纵。在公司本身经营业务并无重大改善，为了顺利进行交叉上市，对公司的财务进行了会计操纵，这种会计操纵导致了公司交叉上市后经营绩效迅速下滑。④经营不当。公司在交叉上市后因为经营不善导致了公司业绩下滑。

第四，本书运用事件研究法，计算累积超常收益，首次全面考察了中国国内市场投资者对公司交叉上市的反应。本书根据交叉上市模式不同，选择多个事件日，从同行业公司角度考察了交叉上市的市场反应。同时，鉴于“先A后H”交叉上市模式的特殊性，本书还从交叉上市公司本身的角度考察了交叉上市的市场反应。

(1)“先H后A”和“A＋H同步”交叉上市模式的国内同行业公司的市场反应基本相同。在首次信息发布日后，累积超常收益开始缓慢持续上升；在上市日前几个交易日累积超常收益呈明显的上升趋势，上市日后几个交易日，累积超常收益持续下降，不久又有所回升。交叉上市对同行业公司是正面消息，但交叉上市后，交易分流效应开始出现。

(2)“先A后H”交叉上市模式对同行业公司带来的是负面影响。同行业公司在交叉上市公司的证监会核准日、发行日、上市日的市场反应相对平淡。在核准日的当天累积超常收益剧烈下降，第二交易日则强烈反弹；在发行日之后累积超常收益稍微下降，此后有所反弹；在上市日前几天开始，累积超常收益下降明显。“先 A 后 H”模式是从国内市场到境外市场的模式，由于分流效应分散国内市场的投资流和交易流导致国内市场交易量缩水、投资者减少，收益率下降。

(3) 通过面板数据模型对 3 个不同交叉上市模式的同行业公司在上市日反应进行验证，结果表明，“先 H 后 A”和“A＋H 同步”模式，同行业公司累积超常收益在上市日前的累积超常收益反应显著为正，而在上市日后，“先 H 后 A”模式同行业公司的累积超常收益反应为负，“A＋H 同步”模式同行业公司的反应为负，但都不显著。“先 A 后 H”模式的同行业公司在上市日前后累积超常收益反应基本为负，但都不显著。面板数据模型的实证验证了事件研究法的结果。

(4) “先 A 后 H”模式的公司本身在证监会的核准日前后累积超常收益都持续上升，对公司来说是正面消息。在发行日前，累积超常收益从零区域缓慢上升，发行日当日表现最强烈，在上市日后，累积超常收益略有下降，但不是很明显，对公司也是正面消息。在上市日，累积超常收益稍有下降，但不是很明显。这是因为在核准日与发行日，市场已经消化了因为核准公司发行 H 股所带来的正面预期，因此市场反应较为平淡。“先 A 后 H”交叉上市模式公司本身的市场反应也是维护国内市场定价权的机理所在。

(5) 本书从市场互动的角度考察了中国公司交叉上市的价格发现和波动溢出效应。本书以 AH 股 A 指数和 H 指数的对数序列进行建模，根据 Gonzalo 和 Granger(1995)提出永久暂时模型，对中国市场和香港市场的价格发现问题进行了考察。研究发现，中国 A 股市场在价格发现上占相对主导地位，A 股市场价格发现贡献率达到 54.12%，而 H 股市场价格发现贡献率为 45.88%，支持了交叉上市价格发现的“母国效应”。本书还建立多元 GARCH 模型，对两地市场之间的波动溢出效应进行了考察，研究结果表明，中国内地 A 股市场对香港 H 股市场具有更强的波动溢出现象。进一步验证了中国市场在价格发现上具有优势，也反映了中国市场的发展壮大。

本书还选择多种 Copula 函数，建立常相关和时变相关 Copula 模型进行比较分析。研究结果表明：两指数序列的边缘分布呈现略微的不对称性，中间值相关系数在 0.67～0.69 之间，下尾相关性比上尾相关性强，并在动态联动过程中得到印证,揭示了A股市场与H股市场之间具有较强的联动性。在研究结论基础上,本书从交叉上市活动和香港证券市场窗口作用,提出了中国证券市场国际化之路的政策建议。

9.2 启示

从本书研究得出结论,对中国政府和证券管理部门等相关部门、上市公司以及投资者有以下3点启示。

1)对政府相关管理部门的启示

中国交叉上市公司大都是国有或国有控股公司,资产相对优质。中国公司交叉上市现象伴随中国资本市场的发展而发生,这些公司交叉上市活动发过来也推动了中国资本市场的发展、促进了中国证券市场成熟壮大和国际化,也为促进国内上市公司整体素质的提高。但是,应该看到,中国市场目前还属于新兴市场,政府相关部门,特别是证券监管部门还有很多工作要开展。另外交叉上市公司在公司治理方面尽管改善了,但公司的经营绩效却在交叉上市后没有得到提升,投资者没有得到应有的回报,极大地损害了公司的形象,使得投资者不得不怀疑这些公司交叉上市“圈钱”的动机,这不仅是对公司的考验,也是对政府相关部门的考验。因此,政府相关部门,特别是证券监管部门在决策中国公司交叉上市时要充分考虑公司实际情况和市场承受能力,根据现实情况确定公司交叉上市时机和上市模式。另外,相关部门要不断规范和完善相关的监管制度,采取有力措施促使公司加强自身的治理和提高经营绩效,切实有效保护投资者利益。

2)对公司的启示

对已经交叉上市的公司而言,公司应认识到改善公司治理,提高经营绩效的重要性。公司在交叉上市后其内部治理确实得到改善,但公司业绩却呈现下滑趋势。业绩下滑会使投资者失去对公司的投资热情,也必然使公司本身的融资活动等受到影响,从长远考虑对公司本身的发展不利。因此,交叉上市公司要改变重筹资、轻回报的观念，切实采取有效措施改善公司的治理结构，提高公司的经营绩效，赢得投资者的青睐。

对有交叉上市愿望的但还未进行交叉上市的公司而言，要正确评估交叉上市风险，对交叉上市成本和后续相关费用要有明确的风险意识，不可盲目为了公司国际化战略或融资等原因进行交叉上市，同时公司对国内外市场动态要及时把握。许多原来在多个市场交叉上市的公司相继退市，原因是交叉上市并没有改善公司的融资状况，也没有从交叉上市中得到其他的益处。

3）对投资者的启示

投资者的投资活动考虑的因素是多方面的，主要关注上市公司的公司治理和经营绩效。公司治理的好坏直接关系到投资者利益的保护。公司治理水平高的公司，其内部管理规范，信息披露详细，控股股东或公司管理者侵占公司资源的行为得到抑制，投资者的利益将得到更有效地保护。公司的业绩则直接关系到投资者的投资收益。公司业绩的提高，公司的股利分红就增加，公司的股票价格也会上涨，投资者的投资活动将得到丰厚的回报。从本书的研究结果可以看出，交叉上市公司尽管在公司治理方面比国内非交叉上市公司有所改善，但交叉上市公司的经营绩效在交叉上市后的持续几年中是下滑的。因此投资者应持有理性的投资心态，结合自己的投资理念，谨慎对待公司交叉上市行为。

9.3　不足之处与后续研究设想

9.3.1　不足之处

第一，研究样本数量较少。截至 2013 年年底一共只有 83 家公司，在进行实证过程中除去了因为财务数据或其他数据不全的公司，样本的数量显得偏少。再如，近年来才出现的“A＋H 同步”和“先 A 后 H”模式的交叉上市公司更少，还不具有普遍性。样本量偏少，在分组比较中，可能影响了本书研究的结论。样本的缺乏也使得本研究受到了一些局限,如不能按照行业、地区等分类对交叉上市公司的公司治理、公司绩效和市场反应进行深入研究。

第二,本书的研究对象是中国在国内A股市场和香港H股市场交叉上市的公司,而中国交叉上市公司不仅限于香港市场,有许多公司是"A+ADR"或是"H+ADR"形式进行交叉上市的,本书没有涉及。价格发现波动溢出效应的研究也类似,仅仅以AH股A指数和H指数进行实证,未能以中国的相关数据与其他市场的相关数据进行相关的研究。

第三,在相关变量选择上存在一定局限。由于数据资料所限,本书在相关变量选取上存在一定局限性。例如在公司治理变量的选择上,本书选取控股股东占用公司的资金作为衡量公司治理的指标,在公司经营绩效上本书的研究也仅从4个方面选择8个指标进行衡量。公司治理和经营绩效的指标涉及了方方面面,本书在这些指标选取上的取舍,也可能影响到实证得出的结论。

9.3.2 后续研究设想

后续研究可以从以下4个方面深入进行。

第一,对交叉上市公司进行多层次的分类研究。本书按照交叉上市模式的不同分为"先H后A"、"A+H同步"和"由A后H"3种形式分别进行了相关研究。"由A后H"交叉上市模式的优势,也是与国际上交叉上市模式相类似的,在今后样本公司将越来越多,对这模式的研究要深入开展。另外随着样本的增加,后续的研究可以按照行业、地区等分类的形式进行。

第二,后续的研究不仅仅局限于A+H股公司,可以拓展研究视角,如对"A+ADR"公司和"H+ADR"公司进行类似的相关研究,更全面揭示中国交叉上市对国内市场的影响。还可以与外国公司在香港或其他市场交叉上市的公司进行比较分析,更深入地发现中国交叉上市的特点和优缺点,更好地为中国证券管理部门和投资者的决策提供有参考价值的意见和建议。

第三,本书对于交叉上市公司的研究主要是采用实证方法进行研究,尽管实证方法得出的结论较为客观,但反映的是普遍情况,无法从细节中挖掘有价值的东西。后续的研究可以采用不同方法进行对比研究，如运用案例分析方法进行研究，这将有助于深入考察交叉上市公司的真实情况。

第四，对于交叉上市所引发其他问题的研究。本书的研究从公司、投资者和市场互动3个方面进行，对公司的研究着重点放在了公司治理和经营绩效上，后两个方面重点放在了市场反应和价格发现上，这仅仅是交叉上市相关影响研究领域中的几个问题。交叉上市的影响不仅局限于此，如对公司的影响可以从IPO的发行机制，对市场的影响，还可以从流动性角度进行考察，甚至还可以考察交叉上市对宏观经济的影响等。

中国交叉上市公司的特征使其在市场中有着举足轻重的地位，对其深入研究有助于中国资本市场持续、健康地发展和壮大。

参考文献

[1] ABDALLAH A. Cross-listing, investor protection and disclosure: Does it make a difference? The case of cross-listing versus non-cross-listing firms [R]. Working Paper, University of Bath, 2005.

[2] ADLER M, DUMAS B. The international portfolio choice and corporate finance [J]. Journal of Finance, 1983(38): 233-253.

[3] ALENXANDER G J, EUN C S, JANAKIRAMANAN S. Asset pricing and dual listing on foreign capital markets: A note [J]. Journal of Finance, 1987(1) :151-158.

[4] ALI F D, MAOSEN ZHONG. On permanent and transitory driving forces in the Asian-Pacific stock markets [J]. The Financial Review, 2002(37): 35-52.

[5] ALLAN HODGSON. Price discovery between informationally linked markets during different trading phases [J]. The Journal of Financial Research, 2003, XXXI : 177-195.

[6] AHMED K, KIM J H, HENRY D. International cross-listings by Australian firms: A stochastic dominance analysis of equity returns [J]. Journal of Multinational Financial Management, 2006, 16(5): 494-508.

[7] AYYAGARI M. Does cross-listing lead to functional convergence? Empirical evidence [R]. Working Paper, The World Bank, 2004.

[8] BAKER H K, NOFSINGER J R, WEAVER D G. International cross-listing and visibility [J]. Journal of Financial and Quantitative Analysis. 2002, 37(3): 495-521.

[9] BARZUZA M. Lemon signaling in cross-listing [R]. Working Paper, 2006.

[10] BAYSINGER B D, BUTLER H N. Corporate governance and the board of directors: performance effects of changes in board composition [J]. Journal of

Law, Economics and Organizations, 1985(1): 101-124.

[11] BEKAERT G, HARVEY C R. Emerging equity market volatility [J]. Journal of Financial Economics, 1997, 43(1): 29-77.

[12] BENOS E, WEISBACH M S. Private benefits and cross-listings in the United States [J]. Emerging Markets Review. 2004, 5: 217-240.

[13] BHATNAGAR C S, BHATNAGAR D. Stock traversals and arbitrage possibilities: An examination of multiple listings [J]. Journal of Business & Economic Studies, 2006, 12(2): 11-26.

[14] BOLLERSLEV T. Generalized autoregressive conditional hetroskedasticity [J]. Journal of Econometrics, 1986(31): 307-327.

[15] BOLLERSLEV T, ENGLE R F, WOOLDRIGE J M. A capital asset pricing with time-varying covariance [J]. Journal of Political Economy, 1988(96): 116-131.

[16] BRADFORD B M, MARTIN A D, WHYTE A M. Competitive and information effects of cross-border stock listings [J]. Journal of Financial Research, 2002(3): 399-413.

[17] BRAV A, GECZY C, GOMPERS P A. Is the abnormal return following equity issuance anomalous [J]. Journal of Financial Economics, 2000(56): 209-249.

[18] BROCKMAN P, CHUNG D Y. Cross-listing and firm liquidity on the stock exchange of Hong Kong [J]. Managerial Finance, 1999, 25(1): 64-88.

[19] BURKART M, GROMB D, PANUNZI F. Why higher takeover premia protect minority shareholders [J]. Journal of Political Economy, 1998(106): 172-204.

[20] BURNS N, FRANCIS B B. Cross-listing and legal bonding: Evidence from mergers and acquisitions [J]. Journal of Banking & Finance, 2007, 31(4): 1003-1031.

[21] CANTALE S. The choice of a foreign market as a signal [R]. Working Paper, Tulane University, 1996.

[22] CHAN S P, HONG D, SUBRAHMANYAM M G. A tale of two prices: Liquidity and asset prices in multiple markets [J]. Journal of Banking & Finance, 2008 (32): 947-960.

[23] CHO M H. Ownership structure, investment and the corporate value: An Empirical Analysis [J]. Journal of Financial Economics, 1998(47): 103-121.

[24] CHOWDHRY B, NANDA V. Multimarket trading and market liquidity [J]. Review of Financial Studies, 1991(4): 483-511.

[25] CLAESSENS S, SCHMUKLER S L. International financial integration through equity markets: Which firms from which countries go global [J]. Journal of International Money and Finance, 2007, 26(5): 788-813.

[26] CNNOLLY RA, WANG F A. Proceeding of the Second Jiont Central Bank Research Conference on Risk Management and Systemic Risk (C) // Economic news and stock market linkages: Evidence from the U. S., U. K. and Japan, New York, 1998.

[27] CNNOLLY RA, WANG F A. On stock market return co-movement: macroeconomic news, dispersion of beliefs and contagion [R], Working Paper, University of North Carolina, 2002.

[28] COFFEE J. The future as history: The prospects for global convergence in corporate governance and its implications [J]. North-Western University Law Review, 1999(93): 641-708.

[29] COFFEE J. Racing towards the top? The impact of cross-listings and stock market competition on international corporate governance [J]. Columbia Law Reviews, 2002(102): 1757-1831.

[30] CONNOR T G O. Does Cross-Listing in the U. S. cause value [R]. Working Paper, National UNI Maynooth, 2005.

[31] CONTESSI S, De Pace P, Francis J. The cyclical properties of disaggregated capital flows [R]. Working Paper, Federal Reserve Bank of St. Louis. 2010.

[32] CONYON M, Peck S. Board size and corporate performance: Evidence from European countries [J]. European Journal of Finance, 1998, 4(5): 291-304.

[33] CRAWFORD S S. What's driving cross-Listing effects? An analysis of analyst coverage Surrounding international cross listings [R]. Working Paper, 2007.

[34] DAHLQUIST M, PINKOWITZ L, STULZ R M, et al. Corporate governance and the home bias [J]. Journal of Financial and Quantitative Analysis, 2003, 38 (3): 87-110.

[35] DEMSETZ H, LEHN K. The structure of corporate ownership: Causes and consequences [J]. Journal of Political Economy, 1985, 1(93): 1155-1177.

[36] DE SANTIS G, IMROHOROGLU S. Stock returns and volatility in emerging financial markets [J]. Journal of International Money and Finance, 1997, 16(4): 561-579.

[37] DING D K, HARRIS F, LAU S T, et al. An investigation of price discovery information ally-linked markets: Equity trading in Malaysia and Singapore [J]. Journal of Multinational Financial Management, 1999(9): 317-329.

[38] DOIDGE C. U. S. cross-listings and the private benefits of control: Evidence from dual-class firms [J]. Journal of Financial Economics, 2004, 72(3): 519-553.

[39] DOIDGE C. What is the effect of cross-listing on corporate ownership and control [R]. Working Paper, 2005.

[40] DOIDGE C, KAROLYI G A, STULZ R M. Why are foreign firms that are listed in the U. S. worth more [J]. Journal of Financial Economics, 2004, 71: 205-238.

[41] DOIDGE C, KAROLYI G A, STULZ R M. Has New York become less competitive in global markets? Evaluating foreign listing choices over time [R]. Working Paper, Fisher College of Business, 2007.

[42] DOIDGE C, KAROLYI G A, LINS K V, et al. Private benefits of control, ownership and the cross-listing decision [R]. Working Paper,2007.

[43] DOMOWITZ G J, MADHAVAN A. International cross-listing and order flow migration: Evidence from an emerging market [J]. Journal of Finance, 1998, 53 (6): 2001-2027.

[44] DOUKAS J, SWITZER L N. Common stock returns and international listing announcements: Conditional tests of the mild segmentation hypothesis [J]. Journal of Banking & Finance, 2000, 24(3): 471-502.

[45] DURAND R B, GUNAWAN F G, TARCA. Does cross-listing signal quality [J]. Journal of Contemporary Accounting & Economics, 2006, 2(2): 48-67.

[46] DJANKOV S, LA PORTA R, LOPEZ-DE-SILANCES F, et al. The law and economics of self-dealing [J]. Journal of Financial Economics, 2008(88): 430-465.

[47] DYCK A, ZINGALES L. Private benefits of control: An international comparison [J]. Journal of Finance, 2004(59): 537-600.

[48] EDISON H J, WARNOCK F E. A simple measure of the intensity of capital

controls [J]. Journal of Empirical Finance, 2003, 10(2): 81-103.

[49] EDISON H J, WARNOCK F E. Cross-border listings, capital controls and equity flows to emerging markets [R]. IMF Working Paper, IMF, 2004.

[50] ENGLE R E, GRANGER C W J. Co-integration and error correction: Representation, estimation and testing [J]. Econometrics, 1987 (55): 251-276.

[51] ENGLE R E, KRONER K F. Multivariate simultaneous generalized ARCH [J]. Econometric Theory, 1995(11): 122-150.

[52] ERRUNZA V R, MILLER D P. Market segmentation and the cost of capital in international equity markets [J]. Journal of Financial and Quantitative Analysis, 2000, 35(4): 577-600.

[53] EUN C S, SABHERWAL S. Cross-border listings and price discovery: Evidence from U. S. -listed Canadian stocks [J]. Journal of Finance, 2003(2): 549-575.

[54] FAFF R W, HODGSON A, SAUDAGARAN S. International cross-listings towards more liquid markets: The impact on domestic firms [J]. Journal of Multinational Financial Management, 2002, 12(4-5): 365-390.

[55] FAMA E F, FRENCH K R. Common risk factors in the returns on stocks and bonds [J]. Journal of Financial Economics, 1993, 33(1): 3-56.

[56] FERNANDES N, FERREIRA M. Does international cross-listing really improve the information environment [R]. Working Paper, University of Catolica, 2005.

[57] FOERSTER S R, KAROLYI G A. International listings of stocks: The case of Canada and the U. S. [J]. Journal of International Business Studies, 1993, 24(4): 763-793.

[58] FOERSTER S R, KAROLYI G A. Multimarket trading and liquidity: A transaction data analysis of Canada-US inter-listings [J]. Journal of International Financial Markets, Institutions and Money, 1998, 8(3): 393-412.

[59] FOERSTER S R, KAROLYI G A. The effects of market segmentation and illiquidity on asset prices: Evidence from foreign stocks listing in the U. S. [J]. Journal of Finance, 1999(54): 981-1013.

[60] FOERSTER S R, KAROLYI G A. The long-run performance of global equity offerings [J]. Journal of Financial and Quantitative Analysis, 2000, 35(4): 199-528.

[61] FLEMING J, OSTDIEK B, WHALEY R E. Trading costs and the relative rates of price discovery in stock, futures, and option markets [J]. Journal of Futures Markets, 1996(16): 353-387.

[62] FREES E W, VALDEZ E A. Understanding relationship using Copulas [J]. North American Actuarial Journal, 1998, 2(1): 1-25.

[63] FRESARD L, SALVA C. Does cross-Listing in the U. S. really improve corporate Governance?: Evidence from the value of corporate liquidity [J]. Working Paper, 2007.

[64] GERRITS R J, YUCE A. Short and long-term links among European and U. S. stock markets [J]. Applied Financial Economics, 1999(1): 1-9.

[65] GONZALO J, GRANGER C W J. Estimation of common long-Memory components in co-integrated systems [J]. Journal of Business & Economics Statistics, 1995 (13): 27-36.

[66] GOZZI J C, LEVINE R, SCHMUKLE S L. Internationalization and the evolution of corporate valuation [J]. Journal of Financial Economics Forthcoming, 2007(3): 45-67.

[67] GUGLER K, YURTOGLU B. Corporate governance and dividend pay-out policy in Germany [J]. European Economic Review, 2003(47): 731-758.

[68] GRAMMIG J, MELVIN M, SCHLAG S. Price discovery in international equity trading [J]. Journal of Empirical Finance, 2004(12): 139-165.

[69] HASBROUCK J. One security, many markets: Determining the contribution to price discovery [J]. Journal of Finance, 1995(50): 1745-1199.

[70] HAIL L, LEUZ C. Cost of capital and cash flow effects of US cross-listings [R]. Working Paper, University of Pennsylvania, 2004.

[71] HAMAO Y, MASULIS R W, NG V. Correlations in price changes and volatility across international stock markets [J]. Review of Finance Studies, 1990(3): 281-307.

[72] HANOUNA P, SARIN A, SHAPIRO A. Value of corporate control: Some international evidence [R]. Working Paper, Maershall School, 2002.

[73] HARGINS K. International cross-listing and stock market development in emerging economies [J]. International Review of Economics and Finance. 2000

(9): 101-122.

[74] HARGIS K, RAMANLAL P. When does internationalization enhance the development of domestic stock markets [J]. Journal of Financial Intermediation, 1998, 7(3): 263-292.

[75] HARRIS F, THOMAS H. MCINISH G L, et al. Co-integration, error correction, and price discovery on informationally linked security Markets [J]. The Journal of Financial and Quantitative Analysis, 1995(30): 563-579.

[76] HASBROUK J. One security, many markets: Dctermining the contributions to price discovery [J]. Journal of Finance, 1995, 50(4): 1175-1199.

[77] HOUSTON C O, JONES R A. Canadian manager perceptions of the US exchange listings: Recent evidence [J]. Journal of International Financial Management and Accounting, 2002, 13(2): 235-253.

[78] JOHANSEN S. Statistical analysis of co-integration vectors [J]. Journal of Economic Dynamics and Control, 1988(12): 231-254.

[79] JOHNSON S, LA PORTA R. SHLEIFER A, ET AL. Tunneling [J]. American Economic Review, 2000, 90(2): 22-27.

[80] JOHN S, HOWE K, RAGAN P. Price discovery and the international flow of information [J]. Journal of International Financial Markets, Institutions and Money, 2002(12): 201-215.

[81] KANG J K, STULZ R M. Why is there a home bias? An analysis of foreign portfolio equity ownership in Japan [J]. Journal of Financial Economics, 1997, 46 (1): 3-28.

[82] KAROLYI G A. Why do companies list shares abroad?: A survey of the evidence and its managerial implications [J]. Financial Markets, Institutions & Instruments, 1998, 7(1): 1-59.

[83] KAROLYI G A. The role of ADRs in the development of emerging equity markets [R]. Working Paper, Ohio State University, 2003.

[84] KAROLYI G A. The world of cross-Listing and cross-Listings of the world: Challenging conventional wisdom [J]. Review of Finance, Forthcoming, 2006, 10 (1): 99-152.

[85] KHURANA I, PEREIRA R, MARTIN X. Does cross-listing lead to higher firm

growth [R]. Working Paper, 2004.

[86] KIM E H, SINGAL V. Stock market opening: Experience of emerging economies [J]. Journal of Business, 2000, 73(1): 25-66.

[87] KING M R, SEGAL D. International cross-listing and the bonding hypothesis [R]. Working Paper, Bank of Canada, 2004.

[88] KING M R, SEGAL D. Are there longer horizon benefits to cross-listing? Untangling the effects of investor recognition [R]. Working Paper, Trading and Ownership, 2005.

[89] KING M R, SEGAL D. The long-term effects of cross-listing, investor recognition, and ownership structure on valuation [R]. Working Paper, 2006.

[90] KING M R, WADHWANI S. Transmission of volatility between stock markets [J]. Review of Financial Studies, 1990(3): 5-33.

[91] KOEDIJK K G, VAN DIJK M A. The cost of capital of cross listed firms [J]. European Financial Management, 2004, 10(3): 465-486.

[92] KONIGSGRUBER R. An economic analysis of cross-listing decisions and their impact on earnings quality [J]. Schmalenbach Business Review, 2009, 61(3): 310-330.

[93] KORCZAK P, BOHL M T. Empirical evidence on cross-listed stocks of central and eastern European companies [J]. Emerging Markets Review, 2005(6): 121-137.

[94] KRONER K F, NG V K. Modeling asymmetric co-movements of asset Returns [J]. Review of Financial Studies, 1998(11): 817-844.

[95] KUMAR M, BHOLE LM, SAUDAGARAN S M. Investment cash flow sensitivity and access to foreign capital of overseas listed Indian firms [J]. Journal for Decision Makers, 2003(28): 47-59.

[96] LANG M H, LINS K V, MILLER D P. ADRs, analysts, and accuracy: Does cross listing in the United States improve a firm's information environment and increase market value [J]. Journal of Accounting Research, 2003, 41(2): 317-345.

[97] LA PORTA R, LOPEZ-DE-SILANES F, SHLEIFER A, ET AL. Corporate ownership around the world [J]. Journal of Finance, 1998(54): 471-517.

[98] RICARDO P C, NEWTON C A, CELSO F L, et al. The Market Impact of cross-listing: The case of Brazilian ADRs [J]. Emerging Markets Quarterly, 1998, 2(2): 39-45.

[99] LEE I. Dual listings and shareholder's wealth: Evidence from UK and Japanese firms [J]. Journal of Business Finance & Accounting, 1992, 19(2): 243-252.

[100] LEE. W. Why does shareholder wealth increase when non-U. S. firms announce their listing in the U. S. ? [R]. Working Paper, University of Kentucky, 2003.

[101] LEVINE R, SCHMUKLE S L. Migration, spillovers, and trade diversion: The impact of internationalization on domestic stock market activity [J]. Journal of Banking and Finance Forthcoming, 2007(31): 1595-1612.

[102] LI Y, GRECO J F, CHAVIS B. Lead-lag relations between A Shares and H Shares in the Chinese stock markets [R]. Working Paper, City University of Hong, 2000.

[103] LING T H. Price discovery in the Hong Kong security markets: Evidence from co-integration tests [J]. Journal of International Financial Markets: Institutions and Money. 1997(7): 157-169.

[104] NUNO G F. Market liberalization at the firm level: Spillovers from ADRs and implications for local markets [R]. Working Paper, ESE Business School, 2005.

[105] LANG M H, LINS K V, MILLER D P. ADRs, analysts, and accuracy: Does cross listing in the United States improve a firm's information environment and increase market value [J]. Journal of Accounting Research, 2003, 41(2): 317-345.

[106] LICHT A N. Cross-listing and corporate governance: Bonding or avoiding [J]. Corporate Ownership & Control, 2004, 1(4): 36-48.

[107] LIEBERMAN O, BEN-ZION U, HAUSER S. A characterization of the price behavior of international dual stocks: An error correction approach [J]. Journal of International Money and Finance, 1999(18): 289-304.

[108] LINS K V, STRICKLAND D, ZENNER M. non-U. S. firms issue equity on U. S stock exchange to relax capital constraints [J]. Journal of Financial and Quantitative Analysis, 2005, 40(1): 109-133.

[109] LITVAK K. Sarbanes-Oxley and the cross-listing premium [J]. Michigan Law

Review. 2007(105): 1857-1898.

[110] LITVAK K. The relationship among U. S. securities laws, cross-listing premia, and trading volumes. Working Paper, 2009.

[111] LOUGHRAN T, RITTER J R. Uniformly least powerful tests of market efficiency [J]. Journal of Financial Economics, 2000, 55(3): 361-389.

[112] LYON J D, BARBER B M, TSAI C L. Improved methods for tests of long-run abnormal stock returns [J]. Journal of Finance, 1999, 54(1): 165-201.

[113] MCQUEEN G, ROLEY V V. Stock prices, news, and business condition [J]. Review of Financial Studies, 1993(6): 683-707.

[114] MELVIN M, VALERO-TONONE M. The effects of international cross-listing on rival Firms [R]. Working Paper, 2003.

[115] MERTON R C. Presidential address: A simple model of capital market equilibrium with incomplete information [J]. Journal of Finance, 1987(42): 483-510.

[116] MICHAEL M, VALERO-TONONE M. The dark side of international cross-listing: effects on rival firms at home [R]. Working Paper, Arizona State University, 2005.

[117] MILLER D. The market reaction to international cross-listings: Evidence from depositary receipts [J]. Journal of Financial Economics, 1999, 51(1): 103-123.

[118] MITCHELL M L, STAFFORD E. Managerial decisions and long-term stock price performance [J]. Journal of Business, 200, 73(3): 287-320.

[119] MITTOO U R. Perceptions of the net benefit of foreign listing: Canadian Evidence [J]. Journal of International Financial Management and Accounting, 1992(4): 40-62.

[120] MITTOO U R. Globalization and the value of US listing: Revisiting Canadian evidence [J]. Journal of Banking and Finance, 2003, 27(9): 1629-1661.

[121] MOEL A. The role of information disclosure on stock market 1isting decisions: The case of foreign firms listing in the U. S. [R]. Working Paper, 1999.

[122] MOEL A. The role of ADRs in the development of emerging markets [J]. Economics, 2001, 2(1): 209-257.

[123] MORCK R, SHLEIFER A, VISHNY R W. Management ownership and market

valuation: An empirical analysis [J]. Journal of Financial Economics, 1988(20): 293-315.

[124] MORCK R, YEUNG B, YU W. The information content of stock markets: why do emerging markets have synchronous stock price movements [J]. Journal of Financial Economics, 2000(58): 215-260.

[125] NORONHA G, SARIN A, SAUDAGARAN S. Testing for micro-structure effects of international dual listings using intraday data [J]. Journal of Banking and Finance, 1996(20): 965-983.

[126] NUNO G F. Market liberalization at the firm level: Spillovers from ADRs and implications for local markets [R]. Working Paper, IESE Business School, 2005.

[127] O'CONNOR G T. Does cross listing in the U. S. really enhance the value of emerging market Firms [R]. Working Paper, NUI Maynooth, 2007.

[128] PAGANO M, ROEL A A, ZECHNER J. The geography of equity listing: Why do companies list abroad [J]. Journal of Finance, 2002(57): 2651-2694.

[129] PATELL J M. Corporate forecasts of earnings per share and stock price behavior: Empirical tests [J]. Journal of Accounting Research, 1976, 14(2): 246-276.

[130] PASCUAL R., PASCUAL-FUSTER B, CLIMENT F. Cross-listing, price discovery and the informativeness of the trading process [J]. Journal of Financial Markets. 2006, 9(2): 144-161.

[131] PULATKONAK M, SOFIANOS G. The distribution of global trading in NYSE-listed non-U. S. stocks [R]. Working Paper, NYSE, 1999.

[132] REESE W A, WEISBACH M S. Protection of minority shareholder interests, cross-Listings in the United States, and subsequent equity offerings [J]. Journal of Financial Economics, 2002, 66(1): 65-104.

[133] SARKISSIAN S, SCHILL M J. Are there permanent valuation gains to overseas listing [J]. The review of Finance studies, 2009, 22(1): 371-412.

[134] SHLEIFER A, VISHNY R W. Large shareholders and corporate control [J]. The Journal of Political Economy, 1987(94): 461-488.

[135] Silva A C, Chavez G A. Cross-listing and liquidity in emerging market stocks [J]. Journal of Banking and Finance, 2008(32): 420-433.

[136] SKLAR A. Random variables, distribution functions, and Copulas-A personal look backward and forward [M]. Hayward, CA: Institute of Mathematical Statistics, 1996: 1-14.

[137] STAPLETON R, SUBRAHMANYAM M. Market imperfections, capital market equilibrium and corporation finance [J]. Journal of Finance, 1977(32): 307-319.

[138] STULZ R M. Globalization, corporate finance, and the cost of capital [J]. Journal of Applied Corporate Finance, 1999(12): 8-25.

[139] TOLMUNEN P, TORSTILA S. Cross-listings and M&A activity: Transatlantic evidence [J]. Financial Management, 2005, 31(5): 175-211.

[140] TORABZADEH K, BERTIN W, ZIVNEY T. Valuation effects of international listings [J]. Global Finance Journal, 1992(3): 159-170.

[141] TSE Y. Further examination of price discovery on the NYSE and regional exchanges [J]. Journal of Financial Research, 2000, 23(3): 331-351.

[142] VAALER P M, SCHRAGE B N. Legal system and rule of law effects on US cross-listing to bond by emerging-market firms [R]. Working Paper, 2006.

[143] WOJCIK D, CLARK G L, BAUER R. Corporate governance and cross-listing: evidence from European companies [R]. Working Paper, 2004.

[145] YAGIL J, FORSHNER Z. Gains from international dual listing [J]. Management Science, 1991, 37(1): 114-120.

[146] YEH Y, LEE T, PEN J. Stock returns and volatility under market segmentation: The case of Chinese A and B Shares [J]. Review of Quantitative Finance and Accounting, 2002(18): 239-257.

[147] 白重恩,刘俏,陆洲. 中国上市公司治理结构的实证研究[J]. 经济研究,2005(2):54-59.

[148] 陈国进,王景. 我国公司 A+H 交叉上市的溢出效应分析[J]. 南开管理评论,2007(4):36-42.

[149] 陈学胜,周爱民. 交叉上市股票价格发现及贡献差异的横截面分析[J]. 中国管理科学,2009(4):21-28.

[150] 陈学胜,周爱民. 永久/暂时模型及信息分享模型下交叉上市公司价格发现研究——基于 A+H 股上市公司的实证检验[J]. 软科学,2009(1):132-137.

[151] 陈昀.双重上市对公司治理与公司绩效的影响研究[D].华中科技大学,2008.

[152] 陈玉亮.H股回归及其对A股市场的影响[J].投资研究,2007(8):23-25.

[153] 程均丽,孙会兵.H股回归对A股市场收益率影响的实证研究[J].财经科学,2008(12):51-57.

[154] 程敏.制度环境、现金股利政策和投资者保护——来自A股和H股上市公司的经验证据[J].上海立信会计学院学报,2009(2):61-72.

[155] 陈昀,贺远琼.双重上市对公司治理和公司绩效的影响研究——基于中国双重上市公司的证据[J].湖北经济学院学报,2009(1):80-84.

[156] 董秀良,曹凤岐.交叉上市、股价反应和投资者预期——基于H股回归A股的证据[J].财经研究,2009(8):29-35.

[157] 董秀良,吴仁水.股票交叉上市与价格发现——来自中国“A+H”股的经验证据[J].数理统计与管理,2008(11):1080-1088.

[158] 高铁梅主编.计量经济分析方法与建模[M].清华大学出版社,2009.

[159] 郭雪梅,李平,曾勇.A股与B股市场价格发现的实证研究[J].系统工程理论与实践,2008(8):44-54.

[160] 洪永森,成思危,刘艳辉,汪寿阳.中国股市与世界其他股市之间的大风险溢出效应[S].经济学季刊,2004(3):703-726.

[161] 蒋彧,裴平.中国与美国股票市场动态相关性[J].经济管理,2012(3):115-122.

[162] 李宝仁,刘寅.价格发现、市场微观结构和本地偏好的实证检验.统计与决策.2010(11):135-138.

[163] 李常青,赖建清.董事会特征影响公司绩效吗?[J].金融研究,2004(5):64-77.

[164] 李小晓.双重上市股票的价格信息传递——基于内地香港双重上市股票的实证分析[J].证券市场导报,2007(10):18-22.

[165] 李帅,熊熊,等.我国股票市场共因子的价格发现——以上证指数、H股指数与H股指数期货为例[J].系统工程,2007(8):21-27.

[166] 李勇,李传乐.A股与H股风险传染效应的新特征——基于双重上市公司的实证研究[J].南京财经大学学报,2008(5):36-39.

[167] 李维安.中国上市公司治理指数与公司绩效的实证分析——基于中国1149家上市公司的研究[J].管理世界,2006(3):104-113.

[168] 李增泉,孙铮,王志伟.“掏空”与所有权安排——来自我国上市公司大股东资金占用的经验证据[J].会计研究,2004(12):3-14.

[169] 廖士光，杨朝军. 证券市场卖空交易机制的价格发现更能探讨[J]. 上海立信会计学院学报，2006(1)：73-77.

[170] 刘昕. 我国股票市场的分割及其消除：来自A、H股双重上市公司的实证检验[M]. 上海财经大学出版社，2006.

[171] 刘少波. 控制权收益悖论与超控制权收益——对大股东侵害小股东利益的一个新的理论解释[J]. 经济研究，2004(2)：85-96.

[172] 卢文莹. 跨境上市与公司治理相关性研究[R]. 上海证券交易所研究报告，2003.

[173] [美]詹姆斯D·汉密尔顿. 时间序列分析[M]. 北京：中国社会科学出版社，1997.

[174] [美]沃尔特·恩德斯. 应用计量经济学——时间序列分析[M]. 高等教育出版社，2006.

[175] 潘越. 中国公司双重上市行为研究[M]. 北京大学出版社，2007.

[176] 潘越. 双重上市与市场择时——来自中国"A+H"双重上市公司的经验证据[J]. 厦门大学学报，2008(4)：34-41.

[177] 潘越，戴亦一. 双重上市与融资约束——来自中国"A+H"双重上市公司的经验证据[J]. 中国工业经济，2008(5)：139-149.

[178] 沈红波. 市场分割、跨境上市与预期资金成本——来自Ohlson-Juettner模型的经验证据[J]. 金融研究，2007(2)：146-155.

[179] 孙永祥. 所有权、融资结构与公司治理机制[J]. 经济研究，2001(1)：45-53.

[180] 覃家琦. 跨境多重上市与公司价值关系研究综述[J]. 证券市场导报，2008(9)：16-22.

[181] 覃家琦，何青李，嫦娟. 跨境双重上市与公司投资效率分析[J]. 证券市场导报，2009(10)：52-60.

[182] 肖珉，沈艺峰. 跨地上市公司具有较低的权益资本成本吗？——基于"法与金融"的视角[J]. 金融研究，2008(10)：93-103.

[183] 王烜，李小晓. 基于内地香港双重上市股票的实证分析双重上市股票的价格信息传递[J]. 证券市场导报，2007(10)：18-22.

[184] 王景. 交叉上市、风险分散与溢出效应[J]. 证券市场导报，2007(6).

[185] 王群勇，张晓峒. 我国在NYSE上市公司的价格发现机制——基于永久短暂模型的实证分析[J]. 经济问题探索，2005(6)：80-84.

[186] 王俊秋. 大股东控制与资金占用的实证研究[J]. 工业技术经济，2006(6)：142-149.

[187] 王录琦.股改前后A股和H股价格发现的动态演化[J].科学决策,2009(7):14-23.

[188] 王晓初,俞伟峰.企业收购绩效与公司治理——内地和香港上市的中国企业实证分析[J].会计研究,2007(8):51-59.

[189] 王跃堂.董事会的独立性是否影响公司绩效?[J].经济研究,2006(5):62-73.

[190] 魏刚.高级管理者激励与上市公司经营绩效[J].经济研究,2000(3):32-39.

[191] 吴秀波.沪港双重上市公司的发行问题研究[D].复旦大学,2008.

[192] 徐有俊,王小霞,贾金金,中国股市与国际股市联动性分析-基于DCC-GARCH模型研究[J].经济经纬,2010(5):124-128.

[193] 许小年,王燕.中国上市公司所有制与治理[D].1998年中国留美经济学会年会本书.梁能.公司治理结构:中国的实践与美国的经验[M].北京:中国人民大学出版社,2002.

[194] 杨娉,徐信忠,杨云红.交叉上市股票价格差异的横截面分析[J].管理世界,2007(9):107-117.

[195] 姚宁.交叉上市和价格发现:中国A股和H股的实证研究[J].内蒙古农业大学学报(社会科学版),2007(1):63-65.

[196] 于东智.董事会、公司治理与绩效[J].中国社会科学,2003(3):29-41.

[197] 赵景文,于增彪.股权制衡与公司经营业绩[J].会计研究,2005(12):59-64.

[198] 赵振全,薛丰慧.股票市场交易量与收益率动态影响关系的计量检验:国内与国际股票市场比较分析[J].世界经济,2005(11):64-70.

[199] 张兵,范致镇,李心丹.中美股票市场的联动性研究[J],经济研究,2010(11):141-151.

[200] 张晓峒主编.计量经济学软件Eviews使用指南[M].南开大学出版社,2004.

[201] 张宗新编著.金融计量学[M].中国金融出版社,2008.

[202] 中国证券监督管理委员会编.中国证券监督管理委员会年报(2009)[M].中国财政经济出版社,2010.

[203] 周佰成,王添,符宁.中国与国际证券市场的动态相关性分析[J].吉林大学社会科学学报,2011(3):129-138.

索　引